ハウザーズ

HOUSERs

─ 住宅問題に向き合う人々 ─

Cover Illustration "New Hall Cottages and Garden at Redcross Street, Southwark by G.K.Jones 1888".
© The Octavia Hill Birthplace Museum Trust.

― 刊行に寄せて ―

中島明子さんを語る

西山夘三研究室 元助手、京都府立大学 元学長
広原 盛明

　中島明子（旧姓：岡部明子）さんが、初めて西山夘三研究室を訪れたとき
のことは今もよく覚えている。西山先生から西山研希望の学生が訪ねてく
るから、君が話を聞くようにと仰せつかったからだ。

　当時、私は西山研の助手をしていてゼミ生と一緒に大部屋の研究室で暮
らしていた。今思ってもものすごく汚い研究室だった。そこに男ばかりが
十数人もゴロゴロたむろしているものだから、大学らしい雰囲気などどこ
にもない。よくもあんなところで暮らしていたものだと思うが、当時はま
だ貧しい時代だったので何とも感じなかったのである。

　そこに現れたのが岡部明子さんだった。そのときは研究室の誰と一緒に
いたかもう忘れたが、一同の眼には彼女がまるで「ハキダメに舞い降りた
鶴」のように映った。なにしろ、東京の山の手のお嬢さんが突然現れたので

ある。コテコテの関西人の集まりである西山研にとっては驚天動地の出来事であり、言葉では表現できないほどのカルチャーショックを受けた。といって、今さら慌てて掃除をしても研究室がきれいになるわけでもなければ、これまでの自堕落なライフスタイルから抜け出せるわけでもない。「まあ、地のままでいこうや」ということになり、居直ってありのままの姿で応対することにした。

聞けば、岡部さんは日本女子大在学中から西山先生の本を読み、京都で研究したいと思っていたのだという。当時、日本女子大の先生方と西山研とは少なからぬ交流があり、私も幾人かの先生とは顔見知りだった。岡部さんが尊敬する駒田栄先生（旧国立公衆衛生院、現国立保健医療科学院）にも学会の度に親しく接していただいた。勢い余って東京の駒田先生（独身）のアパートに泊めてもらうことになり、手料理をご馳走になったこともある（先生秘蔵のスペインワイン1本を全部飲んでしまった）。そんなこともあったのだろう。東京のお嬢さんがわざわざ京都まで来てくれるというのだから、歓迎しないわけにいかない。しかし大学院に入らないとキャリアにならないし、本格的な研究もできない。そこで大学院を受験してもらうことにした。

ところが、これがなかなか厄介なのである。他大学からの受験生は外国語2か国の語学試験を受けなければならない。専門科目の方はそれほど難しくないのだが、たいていの受験生は語学試験の方で落ちてしまう。専門科目ならサポートすることもできるが、語学試験となると研究室の連中はからしき駄目なので手も足も出ない。そんな環境にもかかわらず岡部さんは独力で試験に臨み、そして驚いたことに見事合格した。

それからの岡部さんは八面六臂（いささか古臭い表現だが）の活躍だった。ゼミでは遠慮なく発言するし、西山先生の脅かし（今でいえばアカデミック・ハラスメント）にも屈しない。スマートな対応でさらりと批判を受け流すことができる度胸とテクニックを身につけているのである。じつは

男どもはこれがなかなかできない。西山先生から「その研究は何の役に立つのですか」とじろりと睨まれると一瞬回答に詰まってまともに答えられず、ノイローゼになる連中が続出した。そんな中でも「ハキダメの鶴」はノイローゼにもならずに学内を元気に飛び回っていた。

　当時は研究活動だけでなく大学院生運動も盛んだった。他学部との交流も盛んで、いろんな専門分野の大学院生が出入りしていた。西山研は一種の「解放区」のような様相を呈していて、誰でも自由に出入りできるサロンのような場所だったのである。そんな中でひときわ目立つスマートな青年がいた。西山研のような泥臭いイメージではなく、ルックスもいいし弁舌もさわやかな文学研究科（史学科）院生の中島三千男君（あえて君と呼ぶ）である。その後、岡部明子さんは中島明子さんになった。結婚式には中島君が読書会を開いていた郊外団地のメンバー（いわゆるオバサンたち）が多数参加して二人を祝福した。

　中島さんはしばしば「私は結局、研究者になれなかった」と言う。どういう意味で言っているのか私にはよくわからないが、中島さんは立派な研究者そのものではないかと思う。おそらく中島さんの頭の中には、研究室に閉じこもって論文を次から次へ書くのが研究者だとのイメージがあるのだろう。いわゆる「研究者＝学者」といったイメージだ。しかし、中島さんが研究者でないとしたら、西山研のメンバーはすべからく研究者でないことになる。かくいう私などはその典型だから、中島さんにはわれわれの名誉を守るためにも「私は研究者だ」と堂々と言ってほしい。

　昨年、都立大学の故石田頼房先生を偲ぶ会が東京で開かれた。そのときはいろいろな分野から多数の人が参加したが、私は短いスピーチを求められて次のような発言をした。都市計画の研究には「制度・法律」「思想・政策」「運動・実践」の３分野がある。都市計画は実学だとする高山研の伝統からすれば、制度・法律の分野に軸足を置いた石田先生はその正当な継承者だ。

しかし石田先生の偉大なところは、その軸足を踏み外さずに思想・政策や運動・実践の分野に視野を広げたことにあると。

　これに対して野戦派の西山研の研究は、「あんなものは研究ではない」とよく言われた。確かに制度派の研究は堅固で他の追随を許さないし、批判も寄せ付けない。しかしそれは体制が安定していたときの話で、体制が揺らぎ始めると新しい思想・政策が必要となり、それなしには体制の安定は図れなくなる。だが、新しい思想や政策は机の上から（だけ）では生まれてこない。新しい思想や政策が生まれる土壌になるのは運動・実践の蓄積と豊富な経験であり、それに裏打ちされない主張は机上の空論でしかない。そして体制が大きく揺らいでいる現在、運動・実践に裏付けられた研究が思想・政策の分野や制度・法律の分野に影響を及ぼす時代がやってきているのではないかと。

　西山研の研究は、住宅問題や都市問題が噴出した高度成長時代だということもあって運動・実践の分野に偏りすぎたか

　もしれない。しかし、研究者のエートスとしてその時代の実践的課題に向き合わない姿勢はあり得ないし、そのエートスは個々の論文に反映されるばかりでなく、研究者の人格そのものを形づくるのである。研究の母体を形づくる運動・実践の分野は、成熟するまでに長大な時間を必要とする。その過程で多くの研究者が志半ばにして去っていくことは避けられないが、幸いにして中島さんは心身ともに強靭であり、かつしなやかな資質を備えている。大型の研究者として花が開くのはこれからなのである。

　これまでの学者生活は、定年退職とともに終わりを告げた。還暦記念論文集や退職記念論文集が出されるのが慣例だった。だが、これからの研究者人生は「定年と共に去る」のではなくて、「定年後から始まる」のだと思う。なにしろ大学の雑事から解放され、勉強をしない学生たちの尻を叩く辛い日々から解放されるのだ。これほどうれしいことはない。1日24時間を

自分のために使える日がやってきて、自分の好きな研究ができるのである。定年とともに燃え尽きるようなキャパシティーの小さい学者ならともかく、若いときから運動・実践を通して培ってきた歴史観、世界観をフルに生かしてこれまでの研究を振り返り、新しい角度から研究を集大成するチャンスが訪れているのである。

　中島さんの本当の研究はこれから始まるのはないか。戦後高度成長期を生き抜き、バブル崩壊を目の当たりにし、失われてきた20年を過ごしてきた私たちの世代には、定年後も縁側で日向ぼっこをするような余裕は与えられていない。命が失われる日まで研究を続ける─、それが戦後高度成長期に青春を過ごしたわれわれ世代の宿命ではないかとさえ思う。中島さんの新しい研究生活の門出に際して心からエールを送りたい。

2017年1月

はじめに

HOUSERs ハウザーズ
― 解題 ―

和洋女子大学 教授
中島 明子

　本書のタイトル"HOUSERsハウザーズ"とは、H. ピーター・オバーランダーとエバ・ニューブランによるキャサリン・バウアー（Catherine Bauer, 1905-1964）の生涯を描いた『ハウザー―キャサリン・バウアーの生涯と業績（HOUSER ―The Life and Work of Catherine Bauer）』[注1]のタイトルに由来する。冒頭の扉には、"ハウザー"とは「低所得の家族が住まいに入居できるように改善することを通して、都市生活の質を上げることに取り組んでいる人」とある。

　キャサリン・バウアーとともに住宅問題に携わるグループは、自らを"ハウザー"と呼んでいた。このことは、日本でも戦後設立間もない日本住宅協会によって紹介されたようだが詳細はわからない。

　バウアーは、1930年代の米国の大恐慌時代から1960年代初頭にかけて、

アメリカ合衆国の住宅政策、都市計画に大きな影響を与えた人で、カリフォルニア大学バークレイ校の初の女性教授である。戦後日本の住宅政策が西欧先進国に顔を向けていたこともあり、バウアーは、米国における住宅研究、都市計画研究の卓越した研究者であるにもかかわらず、日本ではあまり紹介されてこなかった。

　バウアーは、政府や自治体関係の仕事を数多く取り組んできたが、他方で労働者や低所得者の住宅問題解決のために貢献した。若いときに建築評論家として著名なルイス・マンフォード（1895-1990）と出会い、低所得者用住宅運動に参加し、米国最初の住宅関係非営利組織である米国靴下労働者連合にかかわっている。また、労働運動が高揚していた米国にあって、労働者住宅会議（LHC）の事務局長として、労働者のための住宅法の成立に奮闘した中心人物のひとりでもある。

　前後して、大恐慌を前に、若くして第1次世界大戦後のヨーロッパ各国を訪問し、建設された公共住宅を目の当たりにし、その経験をベースに1934年に名著『Modern Housing』（近代住居）を著わし脚光を浴びた。

　バウアーは、1933年に就任したルーズベルト大統領の下で、ニューディール政策として導入された一連の公共住宅政策に関与し、1934年住居法と1937年住居法の実現に携わり、共同起草者になっている。この法に基づき、連邦住宅局（Federal Housing Administration, FHA）が設立され、米国の公共住宅の供給が開始されるという、住宅政策史上の画期をつくったのがバウアーである。以後、彼女は住宅・都市プランナーとして、歴代の大統領、連邦政府、自治体への助言を行い、大きな影響を与えた。

　バウアーの後半生は、住宅・都市計画研究の専門家として、1945年からハーバード大学初の女性講師となり、コーネル大学その他の大学で講義をした後、1952年に設立された発展期の活気に満ちたカリフォルニア大学バークレイ校都市・地域計画学部に招かれ、1955年に女性として初の教授となった。

彼女が常に関心を持っていたのは、国・自治体による住宅・都市政策とともに、居住者自身の住宅改善行動であった。公共住宅供給の端緒をつくったバウアーではあったが、大規模な公共住宅の供給に対して疑問を持ち、さらにグローバルな視点でアジア諸国の住宅とコミュニティ、そして住まいと健康との関係などについての研究を展開していた矢先、1964年に59歳で不慮の死を遂げた。

　私がキャサリン・バウアーを知ったのは、旧国立公衆衛生院の住宅衛生室長であった故駒田栄先生（1901-1995）を通してである。駒田先生は1954年から1年間、公務出張でカリフォルニア大学バークレー校のバウアーの指導の下で研究を行った。1995年に駒田先生が亡くなられ、遺品を整理する作業の中で、バウアーに関する一連の資料が見つかった。

　私がもっとも驚いたのは、駒田先生が、バークレイ出張の最後に1か月をかけて米国各地の住宅事情の視察と観光にあたって、バウアーはシアトル、ニューヨークをはじめ13の都市の住宅局長その他のスタッフや住宅研究者、そしてワシントンD.C.では全国住宅会議を紹介していたことである。バウアーの住宅政策分野における当時の人脈の広さと影響力には驚嘆した。

　こうした資料を生かすべく、学生時代に参加した住居衛生に関する大規模調査（東京都台東区鳥越地域担当）以来、駒田先生と親しくしてきたメンバーにより研究会を立ち上げ、1999年には財団法人住宅総合研究財団（現：一般社団法人住総研）の助成を得て、バークレー校を訪問し、バウアーと駒田栄の関係資料の蒐集とインタビューを行っている[注2]。

　駒田先生は、戦前ミルズカレッジで社会学を学び、帰国後に聖路加病院社会事業部のメディカルソーシャルワーカーとして働いた後、1938年に創設された旧国立公衆衛生院（2002年、現国立保健医療科学院に改組）に1年遅れて入職し33年務めた。日本の敗戦後の住宅政策確立期にあって、

住宅問題に携わるのは建築分野出身者が多い中で、社会学の立場から住居衛生を中心に研究した。

その彼女が米国への研修に出た経緯はわからないが、社会問題として住宅と都市計画研究に取り組んでいたキャサリン・バウアーと、まさに駒田先生の研究とは合致していた。どちらもそれぞれの国における住宅研究の女性パイオニアとしての存在であった。駒田先生はバウアーから研究上の指導・助言を受けるとともに、親しい交友関係を持ち、バウアーがアジア諸国の訪問の折り、最初に日本に立ち寄った際には献身的に世話をしている。

キャサリン・バウアーも駒田栄も、住宅・都市問題を、ハードな建築的な側面からのアプローチではなく、家族の実態から社会科学的に解明していく点で共通していた。バウアーは、都市の住宅問題に携わる自らとその仲間を前述したように"ハウザー"と称し、駒田先生は"ソーシャルプランナー"と呼ばれている[注3]。

この2人の女性の大きな違いは、バウアーが政府関係の仕事に携わる一方で、一貫して労働組合や住宅運動にも直接かかわっていたのに対して、駒田先生はそうした社会運動といった実践的なかかわりを持たなかったことである。研究と実践との関係は住宅研究のあり方にも影響するが、実践の場とのかかわりを持たなかった駒田先生の場合、研究のダイナミズムを弱めていたといえるかもしれない。

本書のタイトルである"HOUSERs ハウザーズ ―住宅問題に向き合う人々"の解題のための前書きが長くなってしまった。本書"HOUSERs ハウザーズ"は、日本のハウザー、すなわち今日の日本の住宅問題や住まいの改善に関して研究や活動を通して直接・間接に取り組んでいる人々による小論文集である。

キャサリン・バウアーや駒田栄が活躍した米国の1930年代、また日本

の敗戦後から1950年代は、いずれも絶対的住宅難の時代であり、貧困居住
―無住宅状態、劣悪・低質・危険な住宅居住、過密居住― の時代であった。
日本では建築学会あげて敗戦後の絶対的住宅不足に立ち向かい、世界的に
も国家が住宅分野に介入する道筋ができた時期でもある。そして、第2次
世界大戦後、ヨーロッパの戦災復興における公共住宅供給は日米に影響を
与え、僅かながらも公共住宅が供給されるようになった。また高度経済成
長期の「新しい住まいの貧困」―耐久消費財やマイカーの普及により、一見
生活が豊かになったようでありながら、人々の伝統的生活様式が破壊され
るといった「生活分解」[注4] の時代を経て、今日の米国も日本も、新自由主
義の下での居住の貧困問題という新たな局面に直面している。

　これに加えて日本は、超少子高齢社会に入った。セーフティネットとし
ての家族と地域の機能が弱くなり、共助・互助が難しくなっている状況で
は、生活の根幹となる適切な住宅を確保する困難が増大し、人々を脅かし
ている。災害多発国にあって、誰もが安全で安心な住まいを確保すること
は、喫緊の課題でありながら実現していない。不安定雇用と失業、不安定居
住や低質居住を改善しない限り、安心安全な住まいの確保ができないから
だ。住まいの権利が日本において未だに浸透していないところに問題の根
があることは明らかだが、これを打開する戦略と戦術をたてることが、私
たちハウザーの役割なのであろう。

　こうした新しい事態に対して、居住の実態がどのように現れ、それをど
のように受け止め、どのように解決するのか。この論文集では執筆者それ
ぞれが模索して論じている。

　いずれの執筆者も共同研究者として、あるいは共著者として私がかかわ
ったことのある方であり、日本住宅会議や新建築家技術者集団、あるい
はさまざまな組織でともに仕事をしたことがある方々である。そのかかわ
りにおいて私は多くのことを学び、影響を受けてきた。

はじめに

　40年に渡る大学での生活を終えるにあたって、住宅問題・住宅政策の分野はもっとも時間を割いてやるべき研究テーマであるにもかかわらず十分にやれなかったが、多くの友人・知人の力を借りてまとめることができた。執筆してくださった方々にお礼を申し上げるとともに、本書により、これからの日本の住宅のあり方を考えるときに、多くのヒントが得られることを期待したい。

　2017年2月

中島明子

注1）　Oberlander, H.Peter.,and Newbrun, Eva. *HOUSER −The Life and Work of Catherine Bauer,* UBC Press ,1999.
注2）　中島明子 主査「住居衛生研究の女性パイオニア、駒田栄に関する研究」『住総研　研究年報』No.27、2000年.
注3）　佐々波秀彦「ソーシャルプランナーとしての駒田さん」『駒田栄先生研究業績』駒田栄先生研究業績刊行会、1984年.
注4）　西山夘三 編著『住居学ノート』勁草書房、1977年.

HOUSERs ハウザーズ
ー住宅問題と向き合う人々

刊行に寄せて
中島明子さんを語る ･････････････････････････････ 広原盛明　　3

はじめに
HOUSERs ハウザーズー解題ー ･･･････････････････ 中島明子　　8

1章　住まいを考える視点

1. 地域居住政策 ──福島から考える ････････････ 鈴木　浩　18

2. マイホーム時代の果てに ･･････････････････ 平山洋介　25

3. 災害と居住保障 ･･･････････････････････････ 塩崎賢明　34

4. 住宅研究と社会学の協働
──「予言の自己成就」をめぐって ･･･････････････ 祐成保志　43

2章　家族と住まいのビジョンを探る

5. 家族のゆくえと住まい ──高齢者を中心に ･･････ 廣嶋清志　52

6. 3共時代のシェア居住
──共に住み、共に助け合い、共に生きる ･････････････ 丁　志映　60

contents

7. 「これからのすまい」から70年の
　　日本の住様式をめぐって ········· 小伊藤亜希子　68

8. 都市住宅の形成とストックの建て替わり ····· 鎌田一夫　　78

3章　居住貧困をなくすために

9. 東京の低家賃民間賃貸住宅 ················ 岸岡のり子　88

10. 困窮する人々と居住支援 ················· 阪東美智子　99

11. 居住貧困と地域再生 ···················· 大崎　元　109

12. 居住・生活支援による住まい・まちづくり
――高齢者・生活困窮者の住宅確保と地域包括ケア連携への取り組み
··· 水田　恵　118

13. 住まい・まちづくりとデモクラシー
――東松島の震災復興から ···················· 三浦史郎　129

14. 居住貧困との闘い ――その経験と今日的課題 ······· 坂庭国晴　138

HOUSERs ハウザーズ
一住宅問題と向き合う人々

4章　専門職はどうかかわるか

15. 自由を育む家族と住まいづくり ‥‥‥‥‥‥‥ 山本厚生　148

16. UIFA JAPON（国際女性建築家会議日本支部）の活動をめぐって
──その25年を振り返りながら ‥‥‥‥‥‥‥‥‥ 松川淳子　157

17. 下町の防災まちづくり
──地域居住支援システム「NPOすみださわやかネット」‥‥‥ 鈴木和幸　165

18. 理学療法士と住宅改善 ‥‥‥‥‥‥‥‥‥‥ 蛭間基夫　173

19. 自治体住宅政策の挑戦は続く ‥‥‥‥‥‥‥ 安達智則　182

5章　住宅セーフティネット論を超えて
──ハウジング・ファーストと地域居住政策

‥‥‥‥‥‥‥‥‥‥‥‥‥‥‥‥‥‥‥‥‥‥‥‥‥ 中島明子　196

おわりに　‥‥‥‥‥‥‥‥‥‥‥‥‥‥‥‥ 中島明子　212

執筆者プロフィール ‥‥‥‥‥‥‥‥‥‥‥‥‥‥‥ 218

1章

住まいを考える視点

鈴木　浩
平山洋介
塩崎賢明
祐成保志

HOUSERs

地域居住政策

― 福島から考える ―

福島大学 名誉教授、和洋女子大学 客員教授
鈴木 浩

1．地域居住政策論への道程

　「地域居住政策」という概念は、中島明子さんや筆者らが1980年代以来継続してきたイギリスの自治体における住宅政策の調査などを通して提案してきた。当初は単純に「自治体住宅政策」と表現していたが、エンバイロメンタル・ヘルス・オフィサー（わが国の「環境衛生監視員」に相当する）の活動などを踏まえながら「地域住宅政策」を構想し、その枠組みを提起したが、その後また中島明子さんたちと議論を繰り返し、もっと包括的な「地域居住政策」という視角を得るに至った。このような経過をたどって、2005年には日本建築学会建築建築経済員会（現建築社会システム委員会）

の下の住宅の地方性小委員会が中心になって出版した『地域からの住まいづくり―住宅マスタープランを超えて』では、「住宅政策から地域居住政策へ」という観点が提起されることになった。

（1）イギリス自治体住宅政策の検証

1980年代、イギリスは福祉国家における住宅政策モデルからサッチャリズムによる公営住宅の後退などへの転換の真っ只中であった。とはいえ、住宅政策の担い手は主に地方自治体であり、公営住宅の供給と維持管理やコミュニティ政策、民間賃貸住宅の環境衛生監視などの充実や毎年政府に提出される住宅投資計画（HIP：Housing Investment Plan）などがそれを支えていた。さらに1960年代からホームレス支援のために活動を始め、1977年「ホームレス法」の制定などに貢献してきたShelterなどの市民運動の蓄積も住宅政策の展開に大きな影響を与えてきた。1981年、国際都市住宅シンポジウム（ロンドン）への参加、1986-87年、ロンドン大学在外研究員として滞在した際のロンドン・ハリンゲー区におけるLocal Housing Planの策定過程へのかかわり、などを通して自治体主導の住宅政策のあり方に関心が深まっていった。そして、1989-90年に、イギリス地方自治体の住宅政策の特質などを調査した結果を『イギリスにおける地域住宅政策の展開に関する研究』（1993年、財団法人住宅総合研究財団＝現：般財団法人住総研により助成）としてまとめた。

（2）わが国における自治体住宅政策の展開

わが国でも1980年代、HOPE計画（地域住宅計画）によって自治体独自の住宅政策が取り組まれていったし、住宅マスタープランを策定する自治体が増加した。

1990年代には、これらの住宅計画づくりを通して、住宅政策の理念やそのあり方を求めて自治体による住宅条例の策定や政府の住宅基本法制定に

向けた動きが盛り上がった。そのような経過の中で「地域居住政策」という考え方を具体化していった。

それらの動きは、以下のような提言、著作などにも表われていた。

- 1991年　東京住宅政策研究会『東京の住宅政策 —地域住宅政策の提言1991』
- 1992年　本間義人『自治体住宅政策の検討』
- 1994年　玉置伸俉 編『地域と住宅』勁草書房（鈴木 浩「地域住宅政策論の構図」）
- 1996年　鈴木 浩・中島明子 編『講座 現代居住— 3 居住空間の再生』東京大学出版会（鈴木 浩「地域居住政策の胎動と展望」）

1966-2005年、8 期40年に渡る住宅建設 5 か年計画を支えてきた「住宅建設計画法」が抜本的に見直され、2005年、社会資本整備審議会住宅宅地分科会答申『新たな住宅政策に対応した制度的枠組みについて』を受けて、2006年には「住生活基本法」制定、そして「住生活基本計画」が策定された。そのような住宅政策の大きな転換期であった2005年、真嶋二郎＋住宅の地方性研究会『地域からの住まいづくり —住宅マスタープランを超えて』（鈴木浩「地域再生をめざす地域居住政策の展望」ドメス出版）が出版された。建築学会の委員会が「住宅政策」から「地域居住政策」への接近を試みた著作である。2006-07年には、『自治体における地域居住政策の展開に関する研究』（科研費研究）に取り組んだが、それは住生活基本計画策定を通して、われわれが提唱してきた地域居住政策のよりいっそうの発展の契機になるのかどうかという点も大きな研究の動機であった。

じつは、住生活基本計画以降、今日まで基礎自治体は住宅政策からの縮小、後退などを余儀なくされていると言わざるを得ない。そんな中で、東京住宅政策研究会は改めて『東京の住宅政策 —地域居住政策の提言2006』

を発刊し、基礎自治体が進めるべき地域居住政策の具体的提案を行ったのだった。住生活基本法に基づいて2007年には「住宅セーフティネット法」（「住宅確保要配慮者に対する賃貸住宅の供給の促進に関する法律」）が成立した。ここでは、民間賃貸住宅のセーフティネットとしての役割を充実させていくために「居住支援協議会」の設置が謳われている。

　しかし、その後、空き家・空き室問題、新たな供給から撤退している公営住宅は応募しても入居できない状況が続いていること、民間賃貸住宅を活用しセーフティネットとして取り組まれてきた借上げ公営住宅、地域優良賃貸住宅、住宅確保要配慮者あんしん居住推進事業などはいずれも供給が進まず、改めて2016年7月、政府の社会資本整備審議会住宅宅地分科会に設けられた「新たな住宅セーフティネット検討小委員会」の「中間とりまとめ」が公表されている。先に述べたように、今日の居住貧困、居住危機と言える深刻な状況にていねいに立ち向かうためには地域に根ざした基礎自治体やNPOなどの活動が基礎になるに違いない。改めて、地域居住政策の枠組みと役割を展望していくことが求められているのではないかと考えている。

2．福島での展開

　1980年代以降、福島県内においても三春町をはじめ、いくつかの市町村でHOPE計画の策定やその推進が取り組まれた。また住宅建設5か年計画に対応させた「住宅マスタープラン」から「住生活基本計画」への転換に至るまでの間に、全国の住宅政策研究者との共同研究や交流（科研費研究やシンポジウムなど）が蓄積されていった。そこでの主要な課題は、地域にふさわしい地域循環型住まいづくりをどう進めていくか、また県と市町村の住宅政策分野における連携とそれぞれの役割のあり方であった。そのような

議論が蓄積されてきた中で、2011年3月11日に東日本大震災と原発災害が発生した。

　とりわけ、原発災害は、広域的・長期的避難をもたらした。しかも原発事故後の緊急避難情報の混乱のために全国各地にバラバラに避難することになった。さらに放射線汚染対策そして被災者生活再建とふるさと復興が、縦割り行政などのために統合的に進められず、今日なお被災者や被災地の分断、対立、差別などが生じている。また避難先コミュニティにおいても忌避、嫌がらせなどのトラブルが頻発するとともに孤立化に悩んでいる避難者も多い。そんな中で、福島県は仮設住宅供給に際して木造仮設住宅の取り組みとみなし仮設住宅を本格的に導入した。また浪江町や双葉町の復興計画にかかわって、長期的避難が予想されることから「町外コミュニティ」、「町外拠点」の考え方や、ふるさとのコミュニティの再建だけでなく避難先コミュニティでの共生の考え方を提起してきた。

　2017年3月を目途に、避難指示区域のうち「帰還困難区域」を残して、「居住制限区域」、「避難指示解除準備区域」の避難指示を解除する方針が示された。しかし、ふるさとに戻っても住まいや生活インフラの再建そして就業機会や農林水産業の再開は困難であり、なかなか戻る見通しが立っていない。また避難先に留まっている避難者への賠償や住まいの確保は打ち切られるために、避難先での生活再建も思うようには進んでいない。避難指示を受けた区域、とりわけ帰還困難区域は地域コミュニティそのものも喪失してしまった、という声が大きい。それらの復興についての政府や東電の賠償や対策は示されていない。

　民間賃貸住宅の借上げ（みなし）仮設については、福島県居住支援協議会が、2013年度、居住者・家主・仲介業者に対する本格的なアンケート調査を実施し、その問題点などを明らかにしている。復興公営住宅の建設に際しては、地元事業者への企画提案型コンペを実施している。しかし、もっとも多いと予想される自力住宅建設への用地確保などの支援は今のところ

ない（津波地域における防災集団移転のような支援制度が用意されていないので、地価高騰の進む避難先での宅地購入などに頼らざるを得ない状態が続いている）。

3．地域居住政策の現実と今後の展開に向けて

　「住生活基本法」制定とそれに基づく「住生活基本計画」の展開とともに明らかになってきていることは市区町村などの基礎自治体の"住宅政策能力"が低下していることである。住生活は住まいと地域コミュニティによって支えられる。時々刻々変貌する住生活における人々の要求や課題を検証し、それを政策に仕立て上げるのは、身近に存在する基礎自治体・市区町村である。その基礎自治体が、住宅政策、いや地域居住政策能力を高められずにいるのはなぜか。行財政能力の低下、定員削減傾向など自治体行政全体の共通の課題が横たわっているが、住宅政策分野にはいくつかの個別的な事情も横たわっている。

　例えば、毎年度の交付金を確保するために提出される「地域住宅計画」の策定主体になりにくい条件が付与されている（計画策定費を確保しようとすれば「提案事業」として提案しなければならないが、それには公営住宅の建設・建て替えや維持管理などの「基幹事業」が前提になっている）。建築確認は以前、市区町村を経由して特定行政庁で行われていた。特定行政庁でなくても市区町村窓口を経由する段階で、地域の住宅建設の動向がリアルタイムで把握できていた。HOPE計画などでは、建築確認手続きのプロセスを巧みに活用して、地域にふさわしい住まいを実現する取り組みをしていた自治体もあった。今日では建築確認は民営化され広域化されたので、それはほとんどできなくなった。

　住生活は住まいの問題だけでなく、それを取り巻く地域経済、医療・福

祉そして自然・環境など地域コミュニティの再生とも深くかかわっている。空き家問題は個別の「空き家」問題に留まらない。人口減少・高齢社会の下での地域コミュニティ衰退の象徴的な存在でもある。したがって地域コミュニティ再生のシナリオと密接に結びついているし、それは地域居住政策が受け止めるべき基本的な課題である。そこで、最後に地域居住政策の基本理念とその基本的な要件について再確認しておきたい[注1]。

　基本理念として掲げてきたのは次の3つであるが、今日に至ってますますその視点は重要になっている。第1に、地域社会の再生、第2に、居住権の確立である。この内容は、最低居住水準の保障、居住存続の保障、居住差別の禁止などであり、一部はセーフティネット法において位置づけられている。第3には、地方自治の発展である。すでに述べてきたように地方自治の砦である市区町村の住宅政策の今日の動向は、不安定である。たとえ私的所有に委ねられてきた住宅や土地であっても、コミュニティを構成する社会的かかわりを無視できないし、空き家問題や民間賃貸住宅における入居拒否問題などは社会的なルールとして対応していくことが改めて必要になっている。基礎自治体が住民とともに地域コミュニティをどう展望していくのかがますます問われてきている。

　地域居住政策の基本的要件として、次の3つを掲げておく。第1に、政策の前提として地域の居住要求を科学的に把握すること。第2には、福祉・医療・保健政策、都市政策、文教政策そして経済政策など総合的な広がりの中で位置付けること。第3に、住民、事業者、専門家、行政などによる参加と合意の仕組みの形成である。

注1）　詳しくは下記の文献を参照されたい。鈴木 浩「地域居住政策の胎動と展望」、鈴木 浩・中島明子編『講座 現代居住 — 3 居住空間の再生』東京大学出版会、1996.

マイホーム時代
の果てに

神戸大学大学院教授
平山 洋介

1．持ち家世代

　戦後日本を特徴付けたのは、"持ち家世代"（generation own）の出現
であった。経済のめざましい成長の下で、中間層が拡大し、持ち家取得の
可能な世帯が増えた。多くの人びとは、仕事と収入を安定させ、結婚して
家族を持ち、そして、賃貸住宅から持ち家に移り住んだ。政府は、多数の
人たちが標準パターンのライフコースを歩むと想定し、持ち家促進の住
宅政策を展開した。戦前では、持ち家に住むことは、一部の階層の特権で
あった。持ち家の大衆化は、戦後の新たな社会景観をつくり出した（平山、
2009）。

マイホームを取得し、所有することは、物的住宅の改善、結婚と子育ての安定、不動産資産の形成に結び付き、さらにメインストリーム社会のメンバーシップを意味すると考えられた。持ち家は、人生のセキュリティを"約束"し、戦後日本における"社会契約"の核としての位置を占めた。

　しかし、前世紀末からの社会・経済条件の変化によって、持ち家取得はより困難になった。バブル経済が1990年代初頭に破綻して以来、経済は長く停滞し、高い成長率が再現するとは考えられていない。雇用と所得は不安定化し、住宅ローンの長期返済に耐えられる世帯は減った。住宅の資産価値は低下し、その安全は損なわれた。結婚と世帯形成のあり方は変容し、未婚・単身者などの増大は、家を買おうとする家族の減少を含意した。人生の軌道は分岐し始め、標準ライフコースをたどる世帯は減り続けている。

　持ち家に基づくセキュリティを得られない人たちが増えているとすれば、それは、住宅施策のあり方を問い直す必要を示唆する。人びとがマイホームを追い求めた時代の果てにあって、住宅政策をどの方向に向けて再編すべきかを検討する必要が高まっている。

2．賃貸世代

　若い世代は、持ち家取得になかなか到達せず、賃貸セクターにより長く留まる"賃貸世代"（generation rent）を形成し始めた。持ち家率の推移を見ると、平均値は6割前後に保たれ、ほとんど変化していない。しかし、世帯主30〜34歳での持ち家世帯の割合は、1983年では45.7％であったのに比べ、2013年では28.8％に低下した。世帯主35〜39歳の持ち家率は、同じ時期に、60.1％から46.3％に減った（住宅・土地統計調査）。若いグループの持ち家率が下がったにもかかわらず、全生体のそれがほぼ一定であるのは、持ち家率の高い高齢層が増大したためである。

若年層の持ち家率を引き下げた要因の第一は、結婚の減少である。若い世代では、未婚率が上昇し、結婚の遅い人たち、あるいは結婚しない人たちが増加した。日本では、住宅所有と家族形成が密接な関係を持ち、大半の人たちは結婚まで家を買わない。このため、未婚率の上昇は、持ち家率の低下に直結した。国勢調査によれば、未婚者は増え続け、30〜34歳の男性、女性の未婚率は、1980年では21.5％、9.1％であったのに対し、2010年には47.3％、34.5％まで上がった。また、生涯未婚率が上昇し、2010年の男性では20.1％、女性では10.6％となった。生涯未婚率とは、50歳時の未婚者の割合を指し、50歳を超えてからの初婚が少ないことを前提とした指標である。それは、さらに上昇すると予測され、国立社会保障・人口問題研究所の2013年推計によれば、2035年の男性では29.0％、女性では19.2％に達する。

第二に、労働市場の変化は、若年層にとくに強く影響し、持ち家取得をより困難にした。政府は、新自由主義の労働政策を1990年代から展開し、雇用制度の規制緩和によって、不安定就労を増やした。非正規雇用がとくに急に増えたのは、20歳代前半のグループである。これは、アルバイト学生の増加を反映する部分を持つ。しかし、20歳代半ば以上のグループでの非正規雇用の増大は、労働市場の変容に起因する。就業構造基本調査によると、被用者全体に占める非正規被用者の割合は、1987年から2012年にかけて、25〜29歳の男性では4.9％から20.4％、同年齢の女性では23.2％から39.4％に上がった。

第三に、若い世代の持ち家取得を減らした要因として、住宅経済の変化を見る必要がある。住宅取得の経済環境は、「インフレ型」から「デフレ型」に変わった（平山、2014）。不動産バブルが拡大した1980年代では、インフレ経済の下で、収入が増える一方、住宅・土地価格はより急速に上昇し、持ち家取得は困難になった。ポストバブルの1990年代以降では、デフレ経済の中で、住宅・土地価格が低下し、住宅ローンの金利は低いまま推移

したにもかかわらず、実質収入の減少のために、住宅購入はさらに難しくなった。

また、住宅所有が不動産資産の蓄積に結びついたことは、人びとが持ち家を求めた経済上の理由の一つであった。しかし、ポストバブルの持ち家の資産価値は減った（平山、2014）。住宅ローンをかかえる世帯では、1989年から2014年にかけて、住宅ローン残債平均額は780万円から1,600万円に増え、住宅・土地資産平均額は4,380万円から2,450万円に減った（図1）。住宅所有が資産形成を支えるという"約束"は反故にされ、"社会契約"の見直しが必要になっている。

持ち家が大衆化した前世紀後半では、借家に住むことは、住宅を買うまでの過渡的な居住形態とみなされた。しかし、"賃貸世代"にとって、借家居住は必ずしも一時的とはいえない。そして、賃貸居住の条件は悪化した。デフレ経済のために、収入は低下し、その一方、低家賃の住宅ス

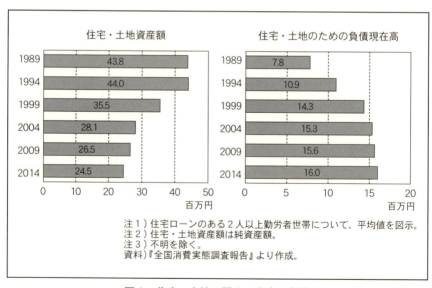

図1．住宅・土地に関する資産と負債

トックが減った。この結果、家賃負担の重い世帯が増えている。賃貸セクターでは、1993年から2013年の間に、年収300万円未満の低所得世帯は38.9％から50.3％に増えたのに対し、家賃3万円未満の住宅は33.2％から18.3％に減少し、家賃7万円以上の住宅が16.9％から23.5％に増加した（図2）。

3．親の家世代

若年世代では、賃貸住宅に長く住む世帯が増えた。しかし、これは、「独立世帯」の傾向である。注意すべきは、独立せず、親元に留まる未婚の「世帯内単身者」が増加している実態である（平山、2009）。国勢調査のデータを加工した結果によれば、世帯内単身者の割合は、1980年から2010年

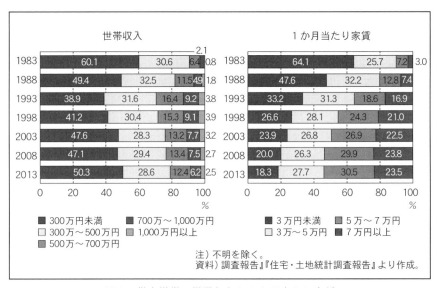

図2．借家世帯の世帯年収と1か月当たり家賃

にかけて、25〜29歳では24.0％から41.0％、30〜34歳では8.2％から26.1％に増え、年齢の高い35〜39歳においても2.9％から18.7％に上がった。

雇用・所得の不安定化が若年層の結婚を減らし、親元からの独立を妨げる要因になっていることは、すでに指摘されているとおりである（山田、2004）。しかし、世帯内単身者を増加させる原因として、たいてい見逃されているのは、低家賃住宅の減少である（平山、2013）。若者が親元を離れ、単身者として独立するには、賃貸住宅が必要になる。結婚して新しい世帯を形成しようとする人たちもまた、最初の住まいとして賃貸物件を探す。ローコストの住む場所の減少は、不安定就労の若者を親元に留める結果を生んだ。若い世代は、持ち家取得に容易には達しない"賃貸世代"となった。そして同時に、住宅購入はおろか、賃貸住宅を確保し、親元から独立することさえ困難な"親の家世代"（generation stay at home）が現れている。

未婚の男女を比べると、女性では、世帯内単身者の比率がより高い。「嫁入り前の娘」が単身者としての独立を選ばず、親の家に留まる傾向は、暗黙のうちに「当然」と見られている。企業による若年女性の雇用は、自宅通勤を前提とする場合が多い。この雇用のあり方は、親元に住む女性を増やす。しかし、未婚女性の独立の少なさは、住宅確保の条件に関する男女差に起因する側面を持つ。単身女性は、単身男性に比べて、より低い収入しか得ていない。にもかかわらず、女性単身者は、より大きな住居費を支出する。その含意は、単身女性は職場に近い居住立地、近隣環境の利便性と安全性を求め、そうした要件を満たす住まいの確保のために高い家賃を負担する、という傾向である。収入が低く、住まいの必要水準が高い女性が親の家を離れることは、より困難になる。低家賃かつ適切な住宅の不足は、若い人たち、とくに女性の独立を妨げる効果を持っている。

4．家主世代

　住宅ストックが増えた成熟社会では、複数の住宅を所有するグループが現れる。高齢化した"持ち家世代"の一部は、自身が住む「自己住宅」とは別に「付加住宅」を所有し、それを賃貸住宅として運用する"家主世代"（generation landlord）を形成した。付加住宅の取得のおもな経路は、投資と遺産相続である。付加住宅には、使い途がない場合がある。そこでは、付加住宅は利益を生まず、所有者は管理負担を負うだけである。大都市に住む世帯が出身地である地方の実家を相続し、空き家のままで放置せざるをえない、といったケースがある。しかし、多くの付加住宅は、賃貸住宅として運用され、所有者に家賃収入をもたらす。ワンルームマンションの購入、相続税対策のアパート建設など、賃貸住宅に投資する世帯が増加した。付加住宅の用途を見ると、貸家用が62.0％と多く、それ以外では、親族居住用が23.9％、二次的住宅・別荘が5.1％、その他が9.1％であった（2013年住宅・土地統計調査）。複数住宅の所有者が増えるにともない、自己居住用の消費財としての持ち家だけではなく、収入源としての持ち家の役割に注目する必要が高まる。

　賃貸用の付加住宅には、住宅資産に関する不平等の特徴が表れている（平山、2015）。先述のように、若い世代では、持ち家率が下がった。増えたのは、民営借家に住む世帯である。その割合は、世帯主30〜34歳のグループでは、1983年では33.5％であったのに対し、2013年では61.2％にまで大幅に上がった。一方、住宅資産を蓄積し、付加住宅を賃貸市場に出す世帯は、そこから家賃を得る。金融資産などの不平等は、その所有量の差から形成される。しかし、住宅資産の不平等を構成するのは、資産規模の違いに加え、非所有者である借家人が家主としての所有者に家賃を支払うという関係である。この関係は、多くの場合、"賃貸世代"と"家主世代"の世代間関係に相当する。付加住宅の取得に投資し、その賃貸から収入を得る裕福な人

たちが存在し、さらに、遺産相続によって住宅資産を世襲し、それを賃貸住宅として運用する家族がいる。他方、無産階級の人たちは、家賃を支払い、有産階級である家主の収入増に貢献しない限り、住む場所を確保できない。

5．新しい約束に向けて

　戦後日本の住宅政策は、標準パターンのライフコースを支えるために、持ち家促進を重視した。マイホームの大衆化は"持ち家世代"を生み出し、多数の世帯が住宅所有からセキュリティを得た。しかし、前世紀の末頃から、雇用と収入の不安定化、未婚・単身者の増大などの社会・経済変化の下で、住宅所有に根ざす社会安定は、しだいに減退した。持ち家購入の経済条件は悪化し、住宅資産の安全性は消失した。

　持ち家に住む中間層の拡大は、社会の階層化の緩和に結び付くと想定されていた。しかし、大半の人たちが家族を持ち、収入を増やし、住宅所有を達成するという筋書きは、過去のものとなった。若い世代は、持ち家取得の困難な"賃貸世代"を形成し、賃貸住宅さえ確保できない"親の家世代"をつくり始めた。一方、高齢になった"持ち家世代"の一部は、複数の住宅物件を所有し、付加住宅を賃貸住宅として供給する"家主世代"と化した。階層化社会を構成するのは、人びとの住宅状況の差に加え、"家主世代"が"賃貸世代"から家賃を受け取るという関係である（平山、2015）。

　住宅所有に必ずしも到達しない世帯が増えるにともない、必要になるのは、特定パターンのライフコースのみを標準とみなすのではなく、より多様な人生に中立に対応する方針である。持ち家セクターばかりを支援するのではなく、賃貸住宅政策をも充実させ、"賃貸世代"の居住条件を改善すると同時に、"親の家世代"の独立を支える方向性が求められる。問われているのは、新たな時代のために、住まいに関する新たな"社会契約"を結ぶ

ことが可能なのかどうか、可能であるとすれば、それは、誰に、何を、"約束"し、どのような政策を必要とするのか、という論点である。

参考文献
1) 平山洋介『住宅政策のどこが問題か』光文社、2009.
2) 平山洋介「若者のライフコースと住宅政策」、田中洋美、マーレン・ゴツィック、岩田ワイケナント 編『ライフコース選択のゆくえ』新曜社、2013.
3) 平山洋介「持ち家社会と住宅政策」『社会政策』6(1)、2014.
4) 平山洋介「住宅資産所有の不平等」『世界』869、2015.
5) 山田昌弘『パラサイト社会のゆくえ』筑摩書房、2004.

```
┌─────────────────────────┐
│                         │
│      災害               │
│       と                │
│     居住保障            │
│                         │
└─────────────────────────┘
```

立命館大学 教授
塩崎 賢明

はじめに

日本は災害大国である。この国で生きていくには、身の安全を確保し、生活を維持していくための特別の備えが必要である。ここでは災害発生直後の安全確保の課題はひとまず置き、命は助かったが住宅を失った被災者の復旧・復興における問題を考えよう。というのも、災害で一命をとりとめたものの、その後の復旧・復興過程で被害が大量に発生するからである。筆者は復旧・復興過程での被害を「復興災害」と呼んでいるが、この被害は、本来防ぐことが可能であるにもかかわらず、現実に多くの人々が命を失ったり、生活困窮に陥っているのである。

1 住まいを考える視点

　日本国憲法25条は「すべての国民は、健康で文化的な最低限度の生活を営む権利を有する。国はすべての生活部面において、社会福祉、社会保障及び公衆衛生の向上及び増進に努めなければならない。」としている。この規定には「但し、災害時は除く」といった保留がついているわけではない。まさに災害によって健康で文化的な生活が危機に瀕しているときにこそ、この条項が生かされなければならない。

　また、2006年に制定された「住生活基本法」第6条では「住宅の確保に特に配慮を要する者」の一つとして被災者を掲げ、その居住の安定を図らなければならないとしている。

　このような憲法や住生活基本法の理念や条項に照らして、果たして現状はどうであろうか。

1．避難過程の被害

　一般に、住まいを失った被災者の生活再建は、避難－仮設居住－恒久住宅の確保といった過程をたどる。それぞれの過程で生命・健康を維持し、人間的な生活を確保できなければならない。

　東日本大震災による直接の死者は15,894人、行方不明者は2,561人、あわせて18,455人、負傷者6,152人であるが、震災後に亡くなった被災3県の関連死は3,410人にのぼる（2016年3月現在）。加えて、3県の仮設住宅における孤独死は

表Ⅰ．直接死と関連死

	直接死（A）	関連死（B）	B／A（％）
阪神・淡路大震災	5,505	932	16.9
東日本大震災	18,456	3,523	19.1
うち、福島県	1,831	2,086	113.9
その他	16,625	1,437	8.6
熊本地震	55	123	223.6

注）直接死には行方不明を含む。
　　東日本大震災の直接死は2016年3月現在、関連死は2016年9月現在、熊本地震は2016年12月現在。

35

190人、自殺者は154人と報告されている。

　直接死に対する関連死の割合は、阪神・淡路大震災では16.9％であったが、東日本大震災ではすでに18.5％に達し、なお増え続けている。福島県では直接死より関連死のほうが多い。

　関連死の原因は主として、避難過程にある。復興庁のとりまとめた資料によれば、関連死の原因には避難所生活における心身の疲労が50％を占め、また避難所などへの移動中における心身の疲労も3割に上る。

　震災後岩手・宮城両県の病院で亡くなった1,042人のうち、通常の医療が確保されていれば死なずにすんだ人々が138人存在したという（岩手日報、2016年3月14日）。これらの人々は地震や津波の後の復興の対応が原因となって亡くなったのであり、まさに「復興災害」と呼ぶべきものである。

　2016年4月に発生した熊本地震においても、すでにエコノミークラス症候群を含む123人の関連死が発生している。避難所や避難生活を人間的なものにするために、医療体制の充実、食事の改善、段ボールベッドの導入などの具体的な施策を、特例ではなく、一般施策として制度化しなければならない。

　学校や体育館などでの雑魚寝、冷たいおにぎりやパンをもらうのに長時間並ぶといった避難所の非人間的な状況は20年来ほとんど改善がなく、成熟した経済大国の施策としてあり得ないと思われる。アメリカのCDC（疾病予防管理センター）の避難所チェックリストには、簡易ベッド、1人3.3㎡以上のスペース、温かい食事、テーブルでの配膳、20人

写真1．イタリア・アマトリーチェ地震の
被災者に提供されている食事
（ステーキ、パスタ、サラダ、パン、果物、飲み物）
（Porto S. Elpidioにて筆者撮影、2017年1月）

に1個以上の清潔なトイレ、子どもの遊び場といった具体的な数十もの事項が掲げられている。最近のカナダの山火事災害、イタリアの地震災害で設置されている避難所や仮設住宅の状況と比較すれば、日本の水準がいかにひどいか一目瞭然である。

2．仮設住宅

　東日本大震災の仮設住宅はプレハブ仮設以外に木造仮設住宅やみなし仮設住宅が導入され、従来に比べて前進した。

　しかし、プレハブ仮設住宅については、以前より改善されたとはいいがたい。寒冷地仕様の問題や追加工事、コスト高など、今後に向けて改善すべき点が多い。プレハブ仮設住宅の居住性など問題点はすでに阪神・淡路大震災のころから指摘されてきたことであり、今回もそれが繰り返され、何回もの追加工事を必要としたこと、したがって1戸当たり700万円もの費用を要した点など、検証すべき点が多い。

　木造仮設住宅は、岩手県住田町で建設が始まり、福島県では大量に供給された。木造仮設住宅は居住性能や経済性、地域への波及効果などの点で優れており、今回1万3千戸以上（建設仮設住宅の25％以上）建設された。今後の災害に備えて、プレハブ仮設だけでなく木造仮設住宅の供給が速やかに行われるよう、都道府県と業界との協定締結を進めておくことが重要である。全国木造建設事業協会が都道府県に協定締結を働きかけ、現在22都県（含、熊本県）で協定が結ばれている。

　みなし仮設はピーク時には6.7万戸が利用され、もっとも大きなウエイトを占めた。阪神・淡路大震災ではきわめて限定的な存在であったが、今回、被災者自身の選択した物件を仮設住宅として認定することが行われ、広く普及した。ただし、今回はやむを得ず泥縄的に実施された面があり、制度

写真2．イタリア・ラクイラの仮設住宅
（筆者撮影、2015年）

面での課題を残している。今後の大災害で大きな役割を果たすと思われるが、県と家主と被災者の3者契約システムなど、自治体の業務負担も大きく、被災者にも使いづらいなど、制度改善が急務である。当面の大きな問題は、家賃支給の打ち切りである。家賃ゼロから8万～10万円といった民間家賃に切り替わることは被災者に大きな打撃である。本来、このギャップは一般的な家賃補助制度が存在すれば、埋められるのであるが、従来わが国ではその制度がない。最近、国交省は空き家を活用して公営住宅の代用（準公営住宅？）とし、一定の家賃補助を行うことを検討するという。一般的家賃補助制度導入の突破口となるよう期待するものである。

　仮設住宅のいまひとつのオプションとして自力仮設住宅がある。阪神・淡路大震災では神戸市内で約5千戸が建設された。プレハブの応急仮設住宅に抽選で入居するのに比べて、さまざまな長所がある。問題は資金援助がまったくないことである。熊本地震では、内閣府が、農畜産業者の自宅敷地内に設ける簡易住宅「ユニットハウス」を災害救助法の仮設住宅として認定する方向を打ち出したことは、この点での新たな局面打開となる可能性がある。

3．災害公営住宅

　災害公営住宅は恒久的な住まいの確保にとって、きわめて重要な施策で

ある。その建設計画は、岩手県5,771戸、宮城県15,924戸、福島県7,878戸、計29,573戸で、その他の県の分を含めると29,997戸となっている。これまでに完成したのは、2016年6月現在、18,641戸（完成率63％）である（復興庁、2016年11月29日）。

災害公営住宅の建設が遅れている原因には、用地取得の難航、建設作業員など人材確保の困難、資材・人件費の高騰、結果としての入札不調などがあり、さらにそれらの背景には東京オリンピック開催決定による公共工事の増加などがあると言われている。

また、完成した住宅でも空き住戸の発生などの問題も出ている。

災害公営住宅は被災者の住宅確保にとって最後の砦のようなものであり、建設を急ぐ必要はあるが、建設完了で問題が終わるのではなく、むしろ入居後に安定した豊かな暮らしができるかどうかが重要である。

この点で、阪神・淡路大震災の災害公営住宅の経験は重要である。当時、3.8万戸の公営住宅が約5年で供給され、堅固な建物や比較的安い家賃などに被災者は満足感を抱いたが、抽選による入居で従前のコミュニティが引き裂かれ、人間関係を失い孤立化する人々も少なくなかった。その結果、仮設住宅と公営住宅で孤独死した人はこの21年間で1,195人にのぼっている。

建設のスピードのみを重視し、阪神・淡路大震災の災害公営住宅で今も続く孤独死の発生などの轍を踏んではならない。東日本大震災では、この点に留意して公営住宅建設を進める例がごく少数しか存在しない。

4．借上げ公営住宅からの入居者追い出し

災害被災者の居住保障という課題にとって、きわめて重要な問題が震災から20年を経た阪神地域で起こっている。いわゆる借上げ公営住宅に居住する被災者を追いたてる行政の仕業である。

借上げ公営住宅とは、20年の賃貸借契約を交わして民間の賃貸アパートなどを県や市が借り上げ、公営住宅として市民に賃貸する住宅である。この制度は阪神・淡路大震災の翌年の1996年の公営住宅法の改正によって新たに導入されたもので、直接建設に比べて、早く住宅を確保でき、費用が安くすむというメリットがある。阪神・淡路大震災では復興公営住宅が約３万８千戸供給されたが、そのうち約７千戸が借上げ公営住宅だった。そして、震災から20年が経過し、借上げ期限が満期を迎え、行政は被災者に退去を迫っているのである。

　しかし、大多数の入居者は現在のまま住み続けたいと希望している。入居当時60歳だった人は、80歳になる。高齢で体力は衰え、病弱な人も多い。20年の間に培ってきた隣近所の人間関係も捨てて、今から転居することがどれほど大きなダメージになるか、想像に難くない。

　借上げ公営住宅入居者に対する扱いは、自治体によって異なっている。宝塚市や伊丹市はいち早く全員の継続居住を認めた。他方、神戸市は2016年２月16日、契約期限を迎えた「キャナルタウンウェスト１～３号棟」の３人を明け渡しと損害賠償を求めて提訴し、西宮市も「シティハイツ西宮北口」の７世帯に明け渡しと損害賠償を求めて提訴したのである。

　高齢の被災者に今から転居を迫るのは孤独死に追いやるようなものである。どうしてそういう施策がとられるのか。

　第１は、契約期間が切れるという単純な理由である。しかし、これは行政と建物所有者の関係であって、入居者が契約しているわけではない。入居許可証に契約期間が明記されていたものもあるが、記載のないものもある。神戸市の場合、期限が記載されているものが3,149件、記載のないものが432件、兵庫県や西宮市の書類では期限の項目自体がなかった。当時、神戸市の幹部は被災者団体に対して「とにかく入居してほしい。20年先のこと

表 2．借上げ公営住宅入居者に対する自治体の方針

	対象世帯数	継続居住・転居の方針	継続居住割合
兵庫県	1,797	要介護 3 〜 5、重度障害者、85 歳以上、80〜84 歳の介護 1・2、中度障害は継続可能。その他一部継続可能。	約 4 割
神戸市	2,865	要介護 3 〜 5、重度障害者、85 歳以上継続居住。84 歳以下の介護 1・2、中度障害は期限猶予。	約 2 割
西宮市	348	期限内に転居、要介護 3 〜 5、重度障害は 5 年猶予	0
尼崎市	111	未定	
宝塚市	30	継続入居	10 割
伊丹市	39	継続入居	10 割
豊中市	232	期限内に転居	0
合計	5,422		

は悪いようにはしない」と表明している。

　20年の契約は絶対ではなく、更新・延長することができる。最近になって、部分的に継続居住を認めるようになったのは、契約を延長できることの証左である。

　第 2 の理由が「公平性」の論理である。神戸市議会や、市の有識者会議である「神戸市借上市営住宅懇談会」では、「一般市民や他の住宅困窮者との関係でも不公平」「いつまでも特別扱いするのは逆差別、不公平」といった意見が出されている。兵庫県借上県営住宅活用検討協議会報告書でも、「自力で住宅再建した被災者や一般県民との公平性の点で問題」と述べている。

　しかし、一般市民や自力で住宅再建した被災者、他の住宅困窮者との対比で不公平だというのでは、住まいに困窮する低額所得者に住宅を提供する公営住宅法そのものの否定になる。ここではむしろ、一般の公営住宅入居者と借上げ公営住宅の入居者の間にこそ大きな不公平があるといわねばならない。

　第 3 に、退去を迫る真の理由は、財政的な事情にある。

　神戸市の市営住宅は震災後、4 万戸から 5 万 5 千戸へと膨れ上がり、市営住宅会計は、83 億円の赤字で、そのうち借上げ住宅の借上げ料35億円が

財政を著しく圧迫しているとする。しかし、市営住宅の管理事業費は2004（平成16）年の255.2億円から平成20年の287.7億円に増えているが（1.13倍）、借上げ料は33.78億円から34.51億円になり（1.02倍）、ほとんど増えていない。全体に占める割合は、13.2％から12.0％へと、小さくなっている。借上げ料が財政悪化の原因とは言えないのである。しかも、借上げ料35億円というが、この中には、入居者の支払っている家賃（9.8億円）や国庫補助（1400万円）、税源移譲相当額（国費、24.8億円）などが含まれており、実際の市の負担は14.9億円である。

　結局、市営住宅会計の財政上の問題を借上げ公営住宅のせいに見せかけて、少しでも支出を減らそうという考えであろう。市営住宅には家賃の入ってこない空き家が数千戸あり、そこに転居させることができれば、まさに一石二鳥なのである。しかし、それは被災者の居住を保障することとはまったく無縁であり、孤独死を大量に発生させてきた阪神・淡路大震災の教訓を学ばず、さらに犠牲を生む所業である。

　阪神地域での借上げ公営住宅からの追い出しは、単にこの地域だけの特殊な問題ではない。東日本大震災の被災地における借上げ仮設住宅（みなし仮設住宅）の問題とも通底しており、今後の巨大災害の際に必ずや導入されるであろう、この種住宅の問題ともつながっている。

　災害時の居住保障の問題は多岐に渡るが、まずは一命をとりとめた人々の避難生活を人間的に保ち、復興への希望を育めるようにしなければならない。そして、満足な仮設居住、安心して住める終の棲家を保障する制度的準備を、巨大災害の前に急がねばならない。

参考文献
1）　塩崎賢明『復興〈災害〉』岩波新書、2014年.
2）　CDC, *Environmental Health Assessment Form for Shelters -For Rapid Assessment of Shelter Conditions during Disasters*, https://emergency.cdc.gov/shelterassessment/.

> ## 住宅研究と
> ## 社会学の協働
> ― 「予言の自己成就」をめぐって ―

東京大学 准教授
祐成 保志

1．どちらのハウザーにも災いあれ？

　筆者が「houser」という単語を初めて目にしたのは、R・K・マートンの古い論文を読んでいたときだった。"A plague o' both you housers, public and private." という一節がそれである。出典は記されていないが、『ロミオとジュリエット』の "A plague o' both you houses！" という台詞を文字ったものであることは明らかである。この台詞は「どちらの家にも災いあれ」から転じて「けんか両成敗」という意味の慣用句として使われるらしい。では、「housers」とは誰のことで、「public」と「private」とは何を指しているのか。

マートンは20世紀の米国を代表する社会学者の一人である。その主著『社会理論と社会構造』（1949年）は、今なお読み継がれている。この本の中でもっとも有名なのは「予言の自己成就」について論じた章であろう。彼はそれを、「最初の誤った状況の規定が新しい行動を呼び起こし、その行動が当初の誤った考えを真実なものとすること」（Merton, 1949＝1961：384-385）と定義した。この定義にあてはまる出来事は枚挙にいとまがない。

　私たちは自分でも気付かないままに、予言の自己成就に巻き込まれている。そもそも人間の認識能力には限界があり、状況を「正しく」規定すること自体、困難だからである。しかしマートンは、「慎重な計画をもってすれば、自己成就的予言の作用とその社会的悪循環に止めをさすことができるという証拠は十分にある」（Merton, 1949＝1961：396）と、前向きな展望を示す。その実例として彼が挙げるのが、「ヒルタウン」というピッツバーグの公共住宅団地である。

　ヒルタウンでは、白人と黒人の家族数はほぼ同じであるという。ここに移り住む前に、人種関係がうまくいくと期待していた白人はほとんどいなかった。しかし、入居後の調査で、当初は悲観的だった白人の大半が、現在の人種間関係を良好であると評価していることがわかった。予言は、よい方向に裏切られたというわけだ。ただしマートンは、ヒルタウンについて、『社会理論と社会構造』ではごく簡単にしか触れていない。とくに、どのような「慎重な計画」によって悪循環が断ち切られたのか、という肝心なことがわからない。

　「予言の自己成就」の原論文と同じ1948年に発表された「ハウジングの社会心理学」という論文を併せて読むことで、もう少し詳しい事情がわかる。じつは、冒頭に述べた「古い論文」とは、この「ハウジングの社会心理学」のことである。

　当時、米国では「侵入と撤退」と呼ばれる現象が注目を集めていたという。白人と黒人が混住している地区で、あるとき、白人の間に「黒人が増えて白

人が少数派になる」という危惧が広まる。すると、転出の準備が整った白人から、その街を立ち去り始める。空き室が目立つにつれて、過密状態の黒人居住地区からの転入が増え、実際に黒人の割合は高まる。白人の危機感はますます強まり、転出が加速する。やがて、その地区では予言の通り黒人が大多数を占めるようになる。このプロセスは、典型的な予言の自己成就である。

　ヒルタウンの黒人と白人の家族数がほぼ同数だったのは、住民の自然な行動の結果ではなく、割合が人為的に維持されていたからである。管理者（市当局）は、どちらかの人種が多数を占めることのないよう、人種構成をコントロールしていた。この管理方針は、教育や啓蒙といった、直接に「状況の規定」の変化を目指すアプローチよりも、人種関係の改善に効果的だったという。

2．住宅研究の落とし穴

　マートンによるヒルタウン調査は、「コロンビア－ラヴァンバーグ研究」（1944～48年）の一環として行われた。マスコミュニケーション研究の一大拠点となりつつあったコロンビア大学応用社会調査研究所（マートンは副所長を務めていた）が実施主体で、ニューヨークで低所得者向けの住宅供給を行っていたラヴァンバーグ財団が資金を提供した。

　その頃、米国の住宅政策は急拡大していた。1937年に住宅法が成立すると、大規模な公共住宅の建設が始まった。1940年代には、コロンビア大学の他にも、東部の有力大学で、民間財団からの助成による住宅の社会学的研究が進められた。マートンは、計画的に開発される住宅地や集合住宅が、「社会科学の研究にとって、比類なき実験室」（Merton, 1948＝2011：145）になり得ると述べている。とはいえ、社会（科）学者が、それらを単

45

に効率よく研究が進められるフィールドとして扱うとすれば、住宅問題や政策にかかわる課題を抱える実務家との溝は深まる。

マートンは、住宅研究にはいくつかの落とし穴があると述べ、この領域に足を踏み入れようとする研究者に注意を促している。

① 制度をめぐる十字砲火

ハウジングについて何か発言すると、どんな制度が望ましいかをめぐる論争に巻き込まれる。人種が混住する住宅地では人種間の対立や摩擦が起きていると報告すれば、混住を支持する陣営から反発を受ける。逆に、同じ住宅地でも適切な管理によって人種間の友好的な関係が形成されつつあると報告するならば、居住分離を主張する陣営から糾弾される。意味のある調査であればあるほど、その結果は一方の陣営に重宝され、他方の陣営からの攻撃の対象になる。

② 要望の競合

ハウジングという複合的な制度には、さまざまな分野の専門家がかかわる。例えば、建築家、大規模住宅団地の管理人、住宅開発を行う民間企業、行政担当者、不動産業者、都市計画家など。彼らはそれぞれの業務に応じた問題意識を持っており、研究者に、それぞれの要求を突き付ける。いずれかの要望に応える研究は、他の専門家にとっては無意味かもしれない。

③ 緊急性

住宅研究は実務的な決定（住宅政策や不動産開発など）の根拠となることを期待されているが、実務のテンポは研究のテンポに比べて速い。しかも、この分野の社会学的調査は始まったばかりであり、利用可能な蓄積がほとんどない。研究者は、根拠に基づく確固とした結果を得ないうちから、早く結果を出すようにとの圧力を受ける。

④ 経験主義

実務家たちは、まるでキニーネを求めるマラリア患者のように、すぐに

応用できる結論を求める。キニーネのどんな成分がマラリアという病気の何に作用するのか、そのメカニズムを突き止めることは眼中になく、とにかく「効く」かどうかだけに関心を向ける。

さて、"A plague o' both you housers, public and private." は、このうち①「制度をめぐる十字砲火」の説明の中に登場する。人種の混住化を主張する運動家も、資産価値を高めるために居住分離を狙う開発業者も、口を揃えて「答えはすでにわかっている。あとはそれをどう実現するかだ」と先を急ぐ。これに対し、「どっちもどっちだ」と無関心を決め込むのでもなく、いずれかの陣営と一体化するのでもなく、「問題をあらゆる角度から検討するという職業規範」(Merton, 1948＝2011：138) に忠実に従うべし。それがマートンの打ち出した立場である。

3．問いのリスト

マートンが率いた「コロンビア－ラヴァンバーグ研究」の成果は、ほとんど公刊されなかった。最終報告書『社会生活のパターン —ハウジングの社会学の探究』は、1951年頃に草稿が完成し、何度か出版が試みられたが、さまざまな理由から頓挫した。もし同書が刊行されていれば、住宅研究と社会学の双方に大きなインパクトを与えただろう（近年の再評価の一例としてSampson, 2010）。

しかし、いくつかの痕跡をたどることはできる。例えば、『社会問題ジャーナル』の特集号「ハウジングにおける社会政策と社会調査」は、コロンビア－ラヴァンバーグ研究の重要な副産物である。マートンを編者に、建築・都市計画、住宅政策、経済学、社会学、心理学の専門家が参加した。

この特集に巻頭論文「住宅・コミュニティ計画における社会的諸問題」を

寄稿したのはC・バウアーである。バウアーの論考は、「社会科学者に向けて問いを列挙した長大なリスト」と自ら記すように、すぐには答えの出ない（現在でもなお決着のついていない）数多くの論点を提示している。その中でとりわけ重要と思われるのは、住宅政策が必然的に価値判断を含むという指摘であり、この決定に市民がいかに参加し得るかという問いである。

　ある社会の住宅の姿を決めるのは、居住についての理念と、利用可能な技術である。近代社会では産業と政府の力が増大し、理念と技術を媒介する位置にある専門家の力が強くなってくる。これらの専門家のことを、バウアーは「ミドルマン」と呼ぶ。

「住宅・都市開発の複雑な過程のあらゆる段階において、誰かが、あり得る選択肢の重み付けを行い、何らかの決定をくださなければならない。そして、われわれの環境の形や質を左右する決定を行うのは、消費者でもないし、消費者の需要に応える建設業者でもないし、選挙によって選ばれた人民の代表者でもない。こうした決定は、概して、公共機関や大建設業者や貸付機関に雇われた専門家の一群がくだす。これらミドルマンたちは法律を基準や規制や運営方針に翻訳し、何が有益であるかないかを進言する。彼らは住宅団地を設計、建設、管理する。彼らの決定は、むろん互いに連なり合ったものであり、特定の誰か一人が大きな力を持つわけではない。しかし、彼らは総体として、究極の犠牲者あるいは受益者、すなわち住宅を必要とする人々の住環境に対して責任を負う。」(Bauer, 1951 : 5)

　ここで思い起こすのは、自治体と金融機関が作成する「スラム取り壊し地図」「融資ブラックリスト地図」に対する、J・ジェイコブズの痛烈な批判である。これらの地図は「どの地区が荒廃するか」についての予言である。かなりの確率で予言は当たるのだが、それは予測が正確だからというよりも、自治体や金融機関の行動が、予言に沿った方向で地域を変化させ

るからにすぎない。取り壊し計画の対象になり、融資が受けられなくなった地区では、家主による維持管理や更新が放棄され、高所得層の流出と貧困層の滞留が起き、じっさいに社会的な荒廃が進んでしまう。ジェイコブズがそれらを「自己成就的な予言」と呼ぶのも無理はない（Jacobs, 1961＝2010：330）。

　ミドルマンによる決定は、地域の生殺与奪の権を握る。その正当性の根拠は、資本主義の下では消費者の、民主主義の下では市民の支持である。しかし、人々の望みを知ることは容易ではない。「意識に現れる願望は、経験と知識の制約を受ける。一般に、人が望み得るものは自ら知るものだけである」（Bauer, 1951：7）。人は自分の知らないことを望むことはできない。折り合いのつかない願いを同時に抱くことも、決して珍しいことではない。人々の願望を適切に調査するためには、社会科学者の関与が欠かせない。さらに、得られたデータを専門家による決定の参考資料とするだけでは不十分である、とバウアーは言う。

「民主制における「計画」にとっての基本的課題は、決定の現実的な責任の一部を、どのように市民や消費者自身に委譲するか、という点にある。住宅と計画に関する議論において、この問題については2つの異なった局面がある。どうすれば、論点と選択肢を、専門家に対してのみならず一般人にもはっきりとわかる形で示し得るか？　そして、参加が現実的で効果的と思われる地域社会のレベルで、いかにして、責任ある市民－消費者参加を発展させられるか？　第1の問いは教育を求める。第2の問いは組織化を求める。いずれにせよ、計画家、デザイナー、行政官、そして市民リーダーは社会科学者の助けを必要としている。」（Bauer, 1951：8）

　ここまでは、専門家と社会科学者が協働して市民・消費者の要望を把握し、決定への実質的な参加の機会を保障し得るかが問われている。驚くべ

きことに、バウアーはさらに進んで、「『専門家』自身が客観的な精査を受けるべきだ」と提案する。専門家は、社会科学者による調査の対象になるべきだというのである。

「民間建設業者や貸付業者たち、公共団体の職員、その他のスペシャリストたち。彼らは通常業務の中でさまざまな定性的な社会的仮定を立てざるを得ない。いったい彼らは何者なのか？ 彼らは自らの活動目標についてどう考えているのか？ 彼らの判断は実際どのように現場に届くのか？」
（Bauer, 1951：8）

　バウアーが社会（科）学者に期待したのは、消費者や市民の意見を収集分析する狭い意味での社会調査にとどまらず、住宅・コミュニティ計画にかかわる意志決定の構造の解明であった。そして彼女自身が媒介者となって、住宅研究と社会学の間を接続しようとした。この期待に応えることは、当代随一の社会学者マートンをもってしても難題だったに違いない。しかし、草創期の熱気の中で提起された問いと模索の軌跡には、専門の細分化が際限なく進む現在においてこそ、振り返るべき内容が含まれている。

参考文献
1) Bauer, C., 1951, *Social Questions in Housing and Community Planning*, Journal of Social Issues, 7 (1-2)：pp1-34.
2) Jacobs, J., *The Death and Life of Great American Cities*, Vintage Books.／山形浩生 訳『アメリカ大都市の死と生』鹿島出版会、2010.
3) Merton, R. K., 1948, *The Social Psychology of Housing, in Dennis*, W. ed., Current Trends in Social Psychology, University of Pittsburgh Press, pp163-217.／祐成保志 訳「ハウジングの社会心理学」『人文科学論集人間情報学科編』信州大学、2011、45：pp135-164.
4) Merton, R. K., 1949 [1957], *Social Theory and Social Structure: Toward the Codification of Theory and Research*, Free Press.／森 東吾、森 好夫、金沢 実、中島竜太郎訳『社会理論と社会構造』みすず書房、1961.
5) Sampson, R., 2010, *Eliding the Theory／Research and Basic／Applied Divides*, in Calhoun, C. ed., Robert K. Merton, Columbia University Press, pp63-78.

2章

家族と住まいのビジョンを探る

廣嶋清志
丁　志映
小伊藤亜希子
鎌田一夫

HOUSERs

家族のゆくえ
と住まい

― 高齢者を中心に ―

島根大学 名誉教授
廣嶋 清志

1. 住まいと家族人口学

　住まいの研究のひとつとして住宅需要の研究がある。その基礎になるの
は人びとがどのような世帯を形成して居住しているかという居住状態の研
究で、それには人口学が重要な役割を演じる。死亡率の低下、出生率の低下、
結婚率の変動など現代に進行する人口学的変数の動きが世帯形成、、居住状
態に強い影響を与えるからであり、このような人口（学的）変数を研究する
のが人口学である。
　住居研究にとって人口学が基礎的学問のひとつであるということは、私
自身都市工学科の大学教育の中でほとんど意識させられることはなく、た

またま就職した職場（厚生省人口問題研究所）で必要を感じて自学自習したものである。そこはその学習に最適な場所であったから、恵まれていた。しかし、そもそも人口学の中で家族や世帯の研究は出生・死亡・移動などの研究に比べて必ずしも盛んでなく、ようやく1980年代に入って家族人口学（family demography）と呼ばれるようになって盛んになった。その熱気に私も巻き込まれていったのだった。

　以下では高齢者の居住状態を例にして分析してみよう。その前にまず居住状態を表す統計について触れておく。

2．居住状態の統計 ── 住まい方を把握する

　居住状態の研究の多くは統計を使う。統計の中でも国勢調査を基本としている。国勢調査による世帯に関する統計は、その体系が2010年から大きく変更された。世帯の集計結果表は、人びとの居住状態つまり、すべての人についてその所属する世帯の種類に区分した統計から始まるようになった。この統計は、性・年齢・配偶関係などの属性ごとに人がどのような世帯に属しているかを示す。

　これに対して2005年まで世帯の統計表は、1番目に一般世帯の世帯数・人員数、2番目に一般世帯の世帯員が性・年齢・配偶関係別に示され、3番目に施設などの世帯数、4番目に施設などの世帯の人員が性・年齢・配偶関係別に示されている。したがって、全人口についてその属性別に各自の所属する世帯（施設を含む）を示す統計にするにはその2番目と4番目を合わせなければならない。

　この統計の変革は、「世帯の統計は世帯単位に世帯数を数える」という素朴な考えから「人びとの居住状態を示す」という考えを基本とする（廣嶋、1994）という転換を意味する。もちろん世帯単位の統計は必要なものだが、

世帯にどのような人が住んでいるかという人と世帯とのつながりを知ることが難しい。せいぜい世帯主によって世帯を代表させることになる。そうすると、例えば「夫婦のみ世帯」において暮らす高齢者の数を知りたいという場合に困ったことが起こる。世帯主である夫が高齢者という世帯数だけでなく、高齢者でない妻が世帯主である世帯に同居する高齢の夫などというものを捉えなければならないが、それは難しい。また、世帯の種類がまず一般世帯とそれ以外の「施設などの世帯」に二分されているので、例えば高齢者全体を把握したい場合に不便である。

以下では居住状態の統計を使って高齢者（65歳以上人口）について検討する。

3．高齢者の居住状態の変化

2016年10月、2015年国勢調査の基本集計結果が発表された。表１はその高齢者の居住状態を示したもので、居住状態はもともと22の細区分を基にして単独、夫婦のみ、他と同居、施設の４つに区分されている。「他と同居」とは私が再構成したもので、一般世帯から単独と夫婦のみの世帯を除いたものであり、誰かと同居して一般世帯にいるものである。ただし、ほとんどは子との同居で、例えば2010年の42.0-45.8％は次々節で見る子との同居率40.7にかなり近い。ここでいう同居とは同じ世帯に属することを指し、世間でいう同居よりやや狭いだろう。

表１には比較のため2010年、1990年の結果も示す。また、2010年については1994年に実施した将来推計値（廣嶋ほか、1994）も示し、その頃の30年後の見通しとして示す。もちろんその後、この推計は行われた（鈴木ほか、2012）がより新しいものはより現実に近い結果となるはずなので、やや我田引水だが、省略する。なお、伝統的な世帯数の将来推計も行われ

表 1. 65歳以上人口の性別居住状態

	男					女				
	総数	単独	夫婦のみ	他と同居	施設	総数	単独	夫婦のみ	他と同居	施設
2015年	100.0	13.3	43.2	39.7	3.8	100.0	21.1	28.5	42.8	7.6
2010年	100.0	11.1	43.3	42.0	3.7	100.0	20.3	26.6	45.8	7.2
2010年（推計）	100.0	8.4	49.8	37.9	3.9	100.0	15.8	32.2	45.6	6.4
1990年	100.0	5.1	36.1	55.6	3.2	100.0	14.7	16.7	63.7	4.9

国勢調査結果による。ただし、2010年（推計）は廣嶋ほか（1994年）による。

ている（鈴木ほか、2013）が、ここで扱わないのは前節で述べた理由による。

　男女とも1990年には「他と同居」がもっとも多かった（55.6％、63.7％）が、しだいに夫婦のみに移行し、2010年に男では夫婦のみ世帯がもっとも多くなった（43.3％）が、女では2015年でもまだ「他と同居」がもっとも多い（45.8％）。単独世帯は男でもしだいに多くなり、2015年に13.3％であるが、女性では21.1％とまだ男の倍に近い。施設世帯は男では2015年に3.8％であり、ほぼ予測された程度であるが、女性については7.6％で予測より少々伸びが大きい。言うまでもなく、85歳以上に限定すると男13.3％、女26.3％（表略）とかなり高率である。

4．高齢者の配偶関係の変化

　この居住状態を決めている背景には高齢者自身の配偶関係の状態がある。だから、居住状態の将来推計を行う場合にも、まず配偶関係の将来値が推計されている。配偶関係は、表2のように男では未婚が伸びつつあるとはいえ2015年に5.2％であり、まだ少ない。女性についても4.2％でわずかな伸びであるが、2015年から男性よりは少なくなり男女差が逆転し、将来

表2．65歳以上人口の性別配偶関係

	男					女				
	総数	未婚	有配偶	死別	離別	総数	未婚	有配偶	死別	離別
2015年	100.0	5.2	78.7	10.0	4.4	100.0	4.2	50.4	37.9	5.5
2010年	100.0	3.6	80.6	10.7	3.6	100.0	3.9	48.4	40.7	4.6
2010年 （推計）	100.0	3.2	83.8	10.1	2.9	100.0	4.1	57.5	34.0	4.4
1990年	100.0	1.1	83.3	13.7	1.5	100.0	2.3	40.1	53.6	3.0

国勢調査結果による。2010年（推計）は表1参照。

その差はさらに拡大していくだろう。

　有配偶は男でも少しずつ減少しはじめているが、それでも2015年にはまだ78.7％を維持し、かなり多くの高齢者が有配偶という状態であるといってよい。男性における有配偶割合の低下は未婚割合や離別割合の上昇の結果であるが、夫妻年齢差が減少して夫にとって妻の年齢が上がることによる女性死亡率の相対的上昇の影響も含まれているだろう。一方、女性では、もともと男性の死亡率が高いうえに多くは夫が年上であるので、有配偶割合は男性よりかなり低い（50.4％）が、1990年の40.1％からはやや上昇していて予測（57.5％）ほど伸びてはいないが、それでも半数にまで達した。この上昇は配偶者である男性の死亡率の低下によってももたらされており、そのことは、女性の死別割合が1990年の53.6％から37.9％まで大幅に低下したことに表れており、最多数が死別から有配偶へと転換した。したがって、配偶関係は男女間において分布の差が若干減少し、類似性が少し高まったといえる。

　以上のような女性における死別割合と有配偶割合の逆転という配偶関係の変化は、居住状態において「他と同居」から夫婦のみへのある程度の移行をもたらしているといえる。結局、男女間の配偶関係の類似性の若干の上昇は、男女の居住状態の類似性上昇をもたらしている要因といえる。

5．高齢者の子との同居率の変化

　居住状態は上記の配偶関係によってだけ決められるわけではない。例えば、有配偶の男女には夫婦のみで暮らすかそれとも自分たちの子どもたちと暮らすかという分かれ道がある。つまり、各配偶関係ごとにどのような居住状態が選ばれるかという要因である。居住状態の将来推計においても、すべての人について性・年齢・配偶関係別にその居住状態（単独、夫婦のみなど）の割合を決めなければならない。しかし、ここでは高齢者について子との同居という居住状態だけを取り上げよう。

　ここに別の統計の問題がある。国勢調査の集計結果の世帯の種類の中には親子の同居の情報が含まれていない。親子の同居は核家族にも親族世帯の中にも存在し、そのある部分である。そこで世帯の種類の統計から親子の同居の状態を知るためには、いくつかの条件の組み合わせを選び出して推定しなければならず、しかも厳密には完全でない（廣嶋、1984）。というわけで、世帯の種類ではなく、親子の同居を個票から直接に集計することが望ましい。あまり知られていないと思われるが、幸い1995年からその集計結果が発表されている[注1]。これによると、1995年から2010年まで65歳以上の高齢者の子との同居率は52.3％、47.2％、43.6％、40.7％と徐々に低下している（表略）。なお、2010年値は1994年推計によれば、39.9％で、非常に近い。しかし、その低下の度合いはそれほど大きくないように見える。その理由はこの同居率には未婚の子どもとの同居が含まれているからである。これはさらに「核家族で同居」と「核家族以外の同居」に2分されている。同居する子についての配偶関係が示されていないが、「核家族以外の同居」（非核家族同居）の子は未婚でないとしてよいので、この同居率は子世代の未婚化の影響が除かれていると考えられ、いわゆる三世代同居の率にかなり近い。65歳以上の高齢者についてこの同居率は、1995年か

ら2010年まで32.3％、30.2％、24.4％、19.4％とかなり低下している（表略）。この非核家族の同居率を性・出生年次コーホート別にかつ年齢別に示すと、図1のようになる。

　この同居率は男女間でその水準は全体的に女性の方が10％内外高いが、形状は似ている。85歳（男）あるいは80歳未満（女）、60歳以上においてはコーホートごとに明瞭に異なる水準の同居率を示し、各年齢においておおむね若いコーホートほど同居率は低下し、20％以下となり、1940-45年コーホートでは男女とも10％に近い。また、65歳以上において、各コーホートとも2000年値を頂点にしてより高齢になると低下傾向が見られる。この年次的変化は介護保険の実施がかかわっているように思われる。ともかく、高齢者の非核家族の子との同居率は今後10％近くまで大きく低下していくものと見られる。

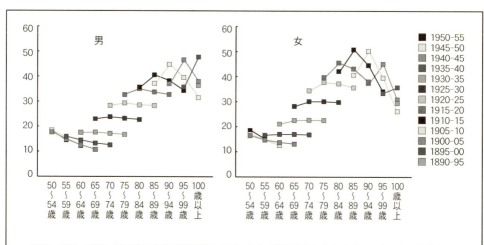

図1．性・年齢別、子との同居率（非核家族）

この低下は親側の意思だけでなく、同居の相手となる子が存在するかという同居可能性＝kin availabilityの問題が影響している（廣嶋、1984）はずであり、これを考慮したより詳しい分析も必要である。なお、実際の居住状態の将来推計においては子との同居率などは高齢者の年齢・配偶関係別に計算されるのであるが、ここではまとめて扱った。

6. おわりに

　以上のように居住状態の変化は配偶関係と種々の同居率という2つの要因の変化によって理解でき、表現することができる。将来の居住状態を知るためには、大雑把にいえばこの2要因の将来値を得ることができればよい。そのために、普通それぞれの値は数学的に（しばしば直線的に）延長される。それは再現性と理解しやすさのためである。しかし、その場合もじつは、その結果が人びとの意識や社会経済的要因の変化によって理解可能な範囲内のものが選ばれているといえる。

注1）　1995年親と同居等特別集計結果、2000年・2005年第3次基本集計結果、2010年職業等基本集計結果。
注2）　子との同居率は国民生活基礎調査でも得られ、1980年には69.0％、非核家族の同居52.5％であった（国立社人研、2016：表7-16）。

参考文献（インターネットで閲覧可能）
1）国立社会保障・人口問題研究所『人口統計資料集2016』、2016.
2）鈴木透、小山泰代、菅桂太「高齢者の居住状態の将来推計」『人口問題研究』68(2)、2012、pp37-70.
3）鈴木透、小山泰代、山内昌和、菅桂太「日本の世帯数の将来推計2013年1月推計」『人口問題研究』69(1)、2013、pp94-126.
4）廣嶋清志「戦後日本における親と子の同居率の人口学的実証分析」『人口問題研究』169、1984、pp31-42.
5）廣嶋清志「個人単位の世帯統計と家族」『統計』日本統計協会、45(11)、1994、pp24-29.
6）廣嶋清志、大江守之、山本千鶴子、三田房美、小島克久「高齢者の世帯状態の将来推計」『人口問題研究』50(2)、1994、pp25-51.

３共時代の
シェア居住

ー 共に住み、共に助け合い、共に生きる ー

千葉大学大学院 助教
丁 志映

　世界には、住まいや暮らしを通じて価値観を共有し、お互いに支え合う
さまざまなハウジングやコミュニティーが存在する。筆者は2000年から、
共に住み、共に助け合い、共に生きる、国内外の助け合いハウジングにつ
いて調査・研究をしながら、活動支援や実践などを行っている。このタイ
トルにある「３共（Co-）」とは「共住・共助・共生」を意味する。
　2015年４月に介護保険制度の改正が行われ、要支援者向けの介護保険生
活支援サービスが徐々に見直され、先々不安な老後生活が予想される。高
齢者を含む多世代・多家族が共に集まって住むカタチとして注目されてい
る協同居住・シェア居住は、比較的賃貸タイプが多く、居住者間の「内側共
助」だけでは限界があり、これからは地域社会と連携する「外側共助」も加
わった「総合共助」のシステムが必要であろう。

本稿では、国内外の助け合いハウジングの中で、単身者たちの新たな居住スタイルとして定着しつつある「シェア居住（シェアハウス）」を中心に、その傾向や国内外の新たな動きなどについて述べる。

1．単身者の住居として定着

1990年代に本格的に登場し始めたシェアハウスは、単身者たちの新たな居住スタイルとして、とくに家賃の高い都心部に急増している。なかでも、日本のシェアハウスは、海外のような「若者の仮住まい」にとどまらず、多様なテーマ性やコンセプトを持つ「日本特有の単身者住まい」として展開を見せている。

シェアハウスが発生した要因は、非既婚者や高齢単身者の増加、インターネットの発達によりルームメイト募集サイトやルームシェア可能物件などの検索サイトの登場と多様化、海外でのシェア居住経験者の増加、個室の独立性が高まってきたことによる住宅様式の近代化などが指摘されている。

シェアハウスにはさまざまな形態が見られるが、建物類型、契約期間、居住者間のシェア関係、運営主体、所有形態などにより、大きく３つのタイプに分類できる。主に知り合い同士がシェアする「ルームシェア」、若者がオーナーとシェアする「ホームシェア」、専門業者が運営し他人とシェアする「住居型ゲストハウス」（現在、業界ではシェア住居、シェアハウスとも呼ばれる）になる。

筆者がこの調査を始めた十数年前は、家賃や生活費を安く抑えられることがもっとも大きな入居理由だったが、近年の傾向としては、ワンルームマンションより高家賃でも、好立地で住環境が整っているクオリティーの高いシェアハウスでの居住を望む入居希望者も増えている。また、音楽スタジオ付きシェアハウス、英会話教室付きシェアハウス、菜園付きシェアハウ

ス、ペット付きシェアハウス、銭湯付きシェアハウス、高齢者向けシェアハウス、シングルマザー向けシェアハウス、世代間ホームシェアなど、専門業者が明確なテーマや共通項となる事物をコンセプトとして打ち出している。

そして、現在多くのシェアハウスは、次のような理由などで、経済性と合理的な都心居住を求める単身者に受け入れられている。①敷金・礼金がなくデポジット制による経済性、②ホームページでの入居者募集により不動産探しなどの無駄な時間の節約、③１か月からの契約期間により自分のライフスタイルによって多様な住まいの経験が可能、④家具や家電類などの備品があることによる合理性、⑤交通アクセスがよい都心立地にあり、通勤や通学などへの利便性、⑥共同生活による防犯面などにおける安心感、⑦歓迎会や食事会などの開催による居住者間の交流、など。

2．住宅の隙間産業と多様化する事業組織

近年、シェアハウスの急激な増加に伴い、法整備が追い付けていないことから、違法シェアハウスや脱法ハウスなどが社会問題になっている。

毎年、住宅の隙間産業としてシェアハウス市場に参入する専門業者が急激に増加している。個人大家による運営経営から、専門業者が雑居ビル、会社寮や社宅などをコンバージョン（用途変更）するケースまで多様な既存建物がシェアハウスとして使用されている。最近はNPO法人LLP（Limited Liability Partnership：有限責任事業組合）、財団法人、自治体、独立行政法人など、新たな主体がシェアハウス市場に参入している。

とくに個人大家の経営または不動産業者に紹介されている物件は、２〜４個室のあるファミリー向け賃貸住宅が活用されている。その他に、倉庫やお店などを入居者自らセルフリノベーションでシェアハウスに転換する事例も増えつつある。最近は、失業者などの駆け込み住居としてシェアハウス

が一部活用されているケースもある。また、築100年以上の古民家や郊外団地の空き住戸がシェアハウスに利用されるなど、「地域の活性化」と「空き家（空間）」の両解決策としてシェアハウスが大変注目を集めている。

3．テーマ性を持つシェアハウスの増加と事例

シェアハウスの多くは「営利目的型」で、なかには劣悪な居住環境が問題になっている事例も多数存在する。最近は「福祉型」「世代間助け合い型」「地域交流型」「地域活性化型」などの新たなシェアハウスが登場し、居住者間の交流のみならず、近隣や地域との交流促進と社会問題解決に貢献している。

4．国内外の世代間ホームシェアの展開

「世代間ホームシェア」は、高齢者宅の空き部屋に主に若者が入居し、高齢大家と共用空間や設備などをシェアしながら、生活面でお互いに助け合うシェアハウスの一種である。1995年にスペインで社会事業の一環として始まった。スペインの大都市では、日本と同様に高齢者の孤独化、遠方・他国から来る学生の住居問題（住宅不足、高額の家賃など）が深刻である。そこで、地元の貯蓄銀行が両者の問題を解決し、家族のような関係を構築するために、このプログラムを開始した。

フランスでは2003年に異常気象により、一人暮らしの高齢者を中心とした約15,000人が熱射病と脱水症状のため亡くなった。高齢者の多くが家族と連絡を取っておらず、誰にも助けを求めることができない状態であった。猛暑後、フランス社会で高齢者と家族のあり方が問われ、高齢者の孤独な住まい方が注目を集めることになった。また、パリやリヨンなどを中心と

写真1．フランスの世代間ホームシェア　　写真2．スペインの社会貢献型シェアハウス

した大都市では若者や学生の数は増加しつつあるが、若者向けの住宅不足が深刻である。

　以上のような社会的な背景などにより、高齢者の孤独死の解消と若者に安価な住宅を提供するために、2004年以降、NPO団体などを中心に世代間ホームシェアがフランス全土に広まった。一方、ベルギーでは、2009年度からフランスの世代間ホームシェアのシステムを参考に、独自の展開を見せている。現在、日本においてはスペインやフランスなどのシステムを基に、いくつかのNPO団体により「世代間ホームシェア」が実施されているが、実践数が伸びておらず初期段階である。

5．高齢単身・ひとり親世帯向けの新たなシェアハウスの動き

　最近日本では、高齢者やひとり親世帯向けのシェアハウスが現れ始めている。
　高齢単身女性向けのシェアハウス（2015年オープン）は、同じ屋根の下でお互いに助け合いながら共助する小さなコミュニティーである。それに加えて、有償ではあるが、入居引越しから生活支援・介護支援・通院・入退

院支援・看取り・葬儀手配・遺品整理・法事手配まで一貫したサービスが受けられる。他に、介護保険でヘルパーやデイサービスなどを利用できるようになっている。また、居住期間は終身になっているが、入退院や途中退去も可能である。

シングルマザーに対しては、仕事と住居を同時に提供する新たな試みがある。60年近く地元で特養・デイサービスなどの介護事業を行ってきた社会福祉法人が、老朽化し使用されなくなったケア付きアパートをシングルマザー向けの社員寮として、2016年7月にオープンした。介護業界での人材確保の不足解消やシングルマザーの雇用促進、シングルマザーの家庭での子育てと仕事の両立できる環境を整えていくために始まった事業である。

また、市営住宅における入居者の孤立死防止や高齢単身者の入居機会拡大を目的とし、2011年度から開始した高齢者共同居住事業がある。B市が市営住宅をNPO法人（以下、事業者）に目的外使用を許可し賃貸借契約を結んでおり、事業者は入居者と利用契約を結んでいる。一般的な市営住宅の募集と違い、友だちや知り合いと一緒にグループで申し込むことができる。

● 実践事例1 ： 高齢者大家と若者のワークショップによる住宅づくり（東京都）

このプロジェクトは、大家と入居希望者がワークショップなどを通じて、シェアハウスという新しい住まい方のイメージづくりや相互の信頼関係が育まれた事例である。

2005年10月建物が竣工され、地下1階と地上1階には大家が住んでおり、地上2〜3階が4人向けのシェアハウスである。入居後、風邪をひいて寝込んだ居住者を大家が見舞う、病院を教えるなど、近くにいる大家の存在は居住者にとって安心感へとつながった。また、居住者が勤務先でのイベントや誕生日パーティーなどに大家を誘うなど、大家と居住者間の自然な交流が発生した。

地域に住み続けている大家の存在は、居住者の精神的安心につながっており、居住者が入れ替わっても、大家の居住者への働きかけなどによって、シェアハウスと地域住民との良好な近隣関係が継承されていく。

● 実践事例2 ： LLPによる学生向けルームシェアがもたらす郊外団地
　　　　　　　　（千葉県）

2005年に「団地再生LLP」という事業組織を立ち上げ、団地の未使用の住戸を所有者から借り上げ、学生に良質で廉価なシェア住宅を提供し、地域の活性化に貢献することを目的の一つとして活動してきた。組織は、賃貸事業のノウハウ提供を行う大学教員、空き部屋のリフォームなどを行うNPO、そして居住者サポートなど、住宅管理を行う住民有志、通称「家守^{いえもり}さん」で構成されている。

家守さんは、団地を含む地域の情報提供や居住者の相談役など里親的役割を担ってくれた。また、団地住民である家守さんは、近隣トラブルなどを対処してくれる居住者の心強い味方でもある。そして、家守さんの働きかけにより、団地シェア居住者は地域の清掃活動やお祭りなどにも参加しており、このことは学生が高齢化の進む団地の活性化に寄与できる可能性を示している。

● 実践事例3 ： 街なかで共に暮らす重度知的障がい者と健常者の福祉
　　　　　　　　型シェアハウス（千葉県）

2009年4月、NPOの共同研究として開始し、3年の年月を経て実現された重度の知的障がい者と健常者の福祉型シェアハウスプロジェクトである。

入居後、居住者たちは個室より共用空間をもっとも好きな場所として長く滞在しており、シェア居住による開放性・安心感を評価している。また、居住者だけではなく、その友人など家族以外とのコミュニケーションの機会が増え、障がい者の自立心の向上や気持ちの面での変化が見られるなど

の効果がある。さらに、健常者には障がいのある人と一緒に住む貴重な体験・勉強になる機会を与えており、障がい者の保護者にとっても、夜間のサポートの負担軽減や健常者とのふれあいによる子どもの成長、緊急時の家族への連絡対応などで安心感につながっている。

6．日本におけるこれからのシェアハウスの展開と提言

　日本においては、新たな助け合いハウジングの試みが現れ始めている。例えば、世代間ホームシェアは、高齢者にとって話し相手ができたり、寂しさの解消、いきがいにつながったりと、「情緒」的側面に非常に効果がある。また、高齢者が子どもと離れて暮らしていても若者が共に居住することで、万が一何かあった際に連絡をしてもらう「見守り」のような効果が期待できる。さらに、高齢者が所有または利用している家の空いている部屋を利活用することで、地域に新しい世代が加わり、高齢化が進む地域の活性化にも寄与できる可能性がある。

　しかし、新たな住まいに対する社会的な認知度が低く、入居者募集に大変苦労している事例が多い。また、入居前のマッチング組織の経験不足や入居後のトラブルに対するアフターケアなどの欠如などによって、居住者の入れ替わりが激しく、長期居住へとつながらない場合が多い。さらに、入居希望者の住まいに対する理解不足は、入居後の居住者間のコミュニティーにも悪影響を与えており、空室になっても次のルームメイトの入居の妨害につながる可能性が高い。

　今後、空き家などの既存建物をシェアハウスに利活用し、普及させていくためには、①個別契約方式の検討、②低費用で手軽に防音対策ができる簡易な改修方法の開発、③個人事業者のためのバックアップサポート組織とマッチングシステム、④シェアハウスの法制度整備、などが必要であろう。

> 「これからのすまい」
> から70年の
> 日本の住様式を
> めぐって

大阪市立大学教授
小伊藤 亜希子

1. はじめに

　故西山夘三が『これからのすまい ―住様式の話―』を出版したのは、戦後間もない1947年であった。それからちょうど70年目にあたる今、当時の問題提起に照らしつつ、今日の住様式の一側面について、2つの集合住宅リフォーム調査から考察を試みる。

　『これからのすまい』の冒頭で西山は、敗戦の混沌とした状況の中で莫大な量の住宅を新しく建てなければならない状況を憂いつつも、「過去の混乱した非合理的、非能率的な生活様式を、その重要な支えであった我々の舊い住まい生活を、根本的に改める絶好の機会である」ととらえ、これからの

住様式について提起した。この本の中で提起されている課題のうち、本稿では主に２章の「床面坐と椅子座」、３章の「家生活と私生活」、「間仕切と室の独立性」に着目して考察する。

２．現代の床座 ―高経年公団住宅の住様式調査から

明治期以来の生活の近代化過程において、日本の住宅は洋風化の波を受け「ユカザ」から「イスザ」へと徐々に移行してきたのは確かである。戦後にはそれが庶民住宅を含めて一気に進んだ。しかし、その急激な変化が起こる直前において、西山はこれからのすまいの起居様式について、じつに的確な方向を予測し提起していた。西山の主張は次のように要約できる。

Ⅰ）当時の西山の問題提起
ユカザ生活が日本の住まいの特徴のように言われているが、じつは元来日本の住まいは床と土間の二つの空間から成り立っており、床上で行われるのは起居坐臥のみで、その他の動的な活動はほとんど土間で行われ、土間と、床との交錯線ではイスザ生活が存在していた。ところが近代化による急激な都市の発展に伴う営利的借家経営により、住宅の土間が切り詰められ、すべての生活がユカ上に追いやられたのであり、「それは始めから不満足なカタワの起居様式であった」。そして「今」は、ふたたびそこへイスザの様式を洋式生活という形で取り戻そうとしている段階だ。

そしてその行き方について、西山が３つの方向を示し、完全洋風イスザを実現する第一の方向、および住まいの一部だけ完全イスザ化する第二の方向は中流階級以上で実現可能であるとし、庶民的な住まい様式の改善方向としてもっとも現実的なのは、「ユカザ生活を基調とし、とりあえず體勢と起居、家内作業に必要な程度のごく少ない支持家具を導入しつつ歪めら

れたユカザ生活を改善して行く」という第三の行き方であるとしたのはよく知られている。

　西山は、第三の行き方が、狭さ、寒さといった低い生活水準がイスザへの転換を引き止めている現状の中でやむを得ず選択する過渡の状態であるとしつつも、一方で、それがまったくイスザでもなくまったくユカザでもない「究極的な理想様式たり得るかもしれない」と期待もかけていた。

　さらに興味深いのは、将来の起居様式に関してさまざまに提案していることである。例えば、「電熱線を通して、冬期には六、七〇度にユカ表面の温度をあげることが出来れば…」と、新しい技術開発によるユカ暖房に期待し（やけどしそうだが…）、畳については、「ヘヤ中敷きつめられたユカ材から、単なる衣装材、敷きものに、又その起源である昔の坐具にかわってしまう」と、近年実際に起こっている現象を言い当てているのには驚く。

２）高経年公団住宅にみる起居様式

ⅰ）**調査の概要** ：　この調査は、1981年に分譲された京都市の公団分譲団地において、リフォームの経緯と住様式に関してアンケート調査と訪問調査を行ったものである[注1]。この団地には、おおむね一戸60～85㎡程度の公団団地によくある標準設計プランを含め多様なタイプの住戸があるが、建設当初は公室以外の部屋の多くが和室であった。分譲から30年以上を経過する中で、多くの住戸で居住者によってさまざまにリフォームが行われていることから、現代の住様式と住要求を読み取るのに適していると思われた。

　当団地の居住者においても少子高齢化は一定進行しているが、立地がよいこともあり新規入居者も継続的に確保できている。アンケート回答者の年齢は60代がもっとも多く43％で、60歳以上で56％を占める一方、30～40代の子育て世代も24％いる。入居時期を見ると建設当初から住んでいる人が28％だが、2000年以降に入居した人はそれより多く若い世代を中心に43％いる。

ii）リフォームによる畳室の減少 ： ここでは間取りの変更、床材の変更を伴うものをリフォームとして分析対象にした。入居時にすでにリフォームされていた住戸は34％、入居時または入居後に現居住者がリフォームした住戸が53％で、多くの住戸でリフォームが行われていた。床材の変更について見ると、現居住者によるリフォームの94％で畳からフローリングへの変更が行われており、逆にフローリングから畳への変更はわずか9％であった。フローリングに変更した理由については（複数回答）、「フローリングの部屋と一体にするため」が52％でもっとも多かったが、これは連続する和室を取り込んで居間を拡張するリフォームが多く行われていたことによっている。その他は「フローリングの方が清潔」（37％）、「布団よりベッドで寝たい」（26％）、「洋風インテリアにしたかった」（20％）、「床に座っての生活は体に辛い」（14％）などが続き、大正期に「ユカザからイスザへ」が叫ばれた当時の理由にも重なる。このように畳室は確実に減少しているが、一方で、畳室がすべてなくなっている例は8％に過ぎず、畳室の数は、1室、2室、3室がそれぞれ30％程度で、ほとんどの住戸に少なくとも1室は残っており、年齢層による差はあまりない。

iii）各室の起居様式 ： 畳室の用途の多くは寝室である。就寝の仕方を見ると、家族全員が布団で寝ている世帯が42％もあり、全員がベッドは24％、併用している世帯が33％であった[注2]。おもしろいことに、布団で寝ているのは40代以下の若い世代に多く、小さい子どもがいる家庭では布団で川の字寝をしていると推測される。一方、ベッド使用率が高いのは70代以上世代で、布団の上げ下ろしや寝起きの動作が難しくなるためと考えられる。併用が多いのは50代世代で、子ども室にのみベッドを設置しているのだろう。住戸面積が比較的小さい団地であるという条件付きではあるが、当時西山が、椅子と異なり寝台は家具の中でも最大の面積を取り、室の転用性も急速に減少させるとしてその普及はそれほど必要ないと言っていた通り、70年を経た現代でも、意外と多くの人が布団で寝ているのである。

一方で食卓においては、ダイニングテーブルを使用している世帯が78％とイスザ化が進んでいた。しかし、もともとの公団住宅のダイニングスペースは6畳程度と狭い場合が多く、訪問調査ではダイニングテーブルで部屋がいっぱいになり、イスは省面積のスツールを併用したり、スライド式などで盤面の大きさが変更できるテーブルを使ったりして工夫をしている様子が見られた。

　居間での起居様式はというと、床面でくつろぐ姿勢を基本にしている世帯が多かった。ソファーの所有数を見ると、1脚所有が43％、2脚所有が10％あるが、ソファーのない世帯も41％ある。訪問調査では、置くと狭くなるので処分したという人も少なくなかった。ユカ面でよくする行為を聞いたところ、「洗濯物をたたむ（60％）」「アイロンをあてる（40％）」といった家事作業、「寝転ぶ（54％）」「テレビを見る（52％）」「本を読む（40％）」などくつろぐとき、また「トレーニング（30％）」をする人も結構いた。子どもがいる世帯に限ると、ほとんどの世帯で子どもはユカで遊んでいる。こうした行為に対応し、座面の低い椅子や小さなソファ、ロッキングチェアを置きつつユカ面を確保し、ユカザを基本とした暮らしが営まれていた。まさに西山の第三の行き方に重なる住み方である。

　ただし、居間はほとんどがフローリングに変更されているため、そのままでは固くて冬場は冷たいという問題がある。そのため、多くの世帯で一部にラグや、冬はホットカーペット、夏はい草やなかには置き畳を敷き、クッションなどを併用しながらユカ面でくつろいでいた。ホットカーペットについては、訪問事例14軒のうち10軒で使っており（その他1軒は床暖を装備）、冬のフローリング床の冷たさは、ユカ面で暮らすには耐え難いと思われる。なお、じつはこの団地には筆者も住んでいるのだが、わが家では居間のユカには柔らかい無垢の杉板を張ったため、冬でもそれほど冷たくなく、ホットカーペットは使っていない。

　以上から、現代の起居様式は、イスザの食卓が定着する一方で、畳室で

の布団就寝と、フローリング化しつつも居間でのユカザ生活は根強く残っている。その大前提として、靴を脱いで床上に上がる住様式を日本人が堅持してきたことがある。最近の新築住宅では畳室のまったくない住宅も増加しているが、おそらくそうした住宅においても、やはりユカ面の広がりを大事にしたユカザでの暮らしが展開されているに違いない。

3．間仕切りと室の独立性 〜マンションリフォーム調査から

　建具を開け放てばワンルームであった戦前までの日本の住宅は、戦後は洋風化の波に乗り、壁とドアで仕切られ、各室には玄関から直接アプローチできる居室の独立性の高い住宅に急速にモデルチェンジした。

１）当時の西山の問題提起

　西山は、封建的家族制度を根底とする家生活を入れるための古い時代の住宅が、個人や夫婦の私生活を無視していたことを激しく批判した。そしてその改善のためには低い住宅水準を高め、「家の中に公の生活とは別に、個人の、夫婦の、それぞれの私生活を結晶させて行くこと」が必要だと、公私室分離型住宅の普及を予兆する提言を、このときすでに行っていた。

　さて、家族個々人の私生活を保障するためには居室の独立性を確立する必要があるが、一方で採光や、とくに高湿高温の日本の夏をしのぐためには通風が欠かせない。したがってその方法は「単に外國の住宅の様に各々のヘヤを壁でしっかりと区切り、ドアで出入りするという方法をとることが出来ず、他の方法によらねばならない」と、間仕切り方法の完全洋風化は否定する。そのうえで、ヘヤ相互の隔離には、（1）空気遮断、（2）音、（3）視線、（4）接触、の4つの範疇があり、（1）は病人がいる特殊な場合以外は不要、（2）も完全に遮断するのは困難であり、（3）（4）の確保を目標

としながら、あとは騒音を発することを控える、お互いの私生活を尊重し、個室に入っている家族にはみだりに緩衝しないなどの住み方での対応で、住宅内のヘヤの独立性は満足されるとした。住宅計画的な提案は多くはないが、「子供達一人々についてヘヤが必要なわけではなく」、団らんするところから「隔離されて作業する場所」があればよいとし、またヘヤとヘヤの間に中廊下、玄関、時に居間などを緩衝空間として挟む方法に言及している。

２）マンションリフォーム事例にみる公室重視と、間仕切りの希薄化
ⅰ）調査の概要 ： この調査は、『Goodリフォーム.jp』という110社のリフォーム会社が参加するウェブサイトに掲載されている事例から、「マンション」「間取りの変更」という条件で絞り込み、新着順（2014年7月29日時点）で抽出した150件について、リフォーム前後の間取り変化を分析したものである。リフォーム事例は、既成の住宅よりも居住者の住要求が直接反映されるため調査対象として適している。合わせて8件の訪問住み方調査も実施した。150件のリフォーム事例の世帯構成の内訳は、単身13％、夫婦のみ37％、親と子47％、三世代その他3％である。
ⅱ）公室の拡大と私室の縮小傾向（図1） ： 多くの住宅のリフォームのされ方には共通した明らかな特徴があった。それは、公室面積を拡大し、その分、私室を縮小していることである。公室に隣接する私室を取り込んで公室を拡大するリフォームが多く見られ、公室面積の平均は25.72㎡から33.46㎡に拡大し、私室の合計面積の平均は29.47㎡から18.73㎡に縮小、私室数も平均2.91室から1.97室に減少している。延べ床面積ごとに見ると、おもしろいのは、リフォーム前の公室は、延床面積に応じて一定の比率で配置されているのに対し、リフォーム後は、延床面積の大小にかかわらず小さくても30㎡程度以上の公室が確保される傾向があることだ。したがって延べ面積が小さい住戸では、その分、私室面積が圧縮され、単

2 家族と住まいのビジョンを探る

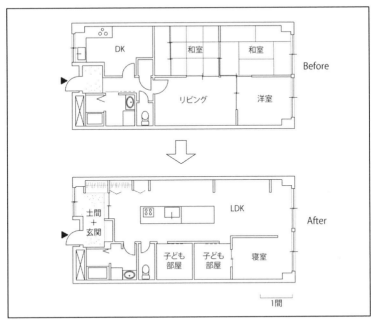

図1. リフォーム事例
公室が拡大し、私室はすべてリビングアクセスで、境界は引き戸か建具なし

身世帯や夫婦のみ世帯を中心に、なかには私室のない住戸も現れている。公室を家族生活の中心に位置付け、豊かに確保したいという住要求が読み取れる。

ⅲ）公室と私室のつながり方と間仕切り： 私室への動線が公室を経由し公室に直結するものを連続室、私室への動線が玄関から公室を経ないものを分離室とする。隣接する私室を取り込んで公室を拡大させるリフォームによって連続室が減少する一方で、意図的に連続室を確保する傾向が見られた。そしてリフォーム後の連続室131室のうち寝室が37室、子ども部屋が34室あり、明確な個室としての位置づけの部屋が半数以上を占めている。とくに子ども部屋については、意図的に連続室にしたとのコメントが添付

されている例が多く見られ、子ども部屋と明記された私室59室の57.6％が
連続室であった。子ども部屋を連続室にした主な理由として挙げられていたのは、普段は開け放して公室と一体の空間として使えること、動線が公室を通ることで子どもの様子がわかること、子ども部屋にいる子どもの気配が感じられること、である。さらに子どもが小さい場合には、子ども部屋と公室の間に窓を設けたもの（４件）や、公室との間の壁を低くして視線が通るようにしたもの（２件）など、より連続性を強めようとする特徴的な空間も見られた。

　連続室の私室と公室との連続性を強くする傾向を顕著に表しているのが建具の状態である。131室ある連続室のうち、公室との間が引き戸のものが91室（69.5％）と多く、その他パネルカーテンやアコーデオンカーテンなどが４室、建具なしも11室あった。引き戸は天井までフルオープンにしたり、引き込み式で開放幅を大きく確保したりといった工夫が多く見られ、普段は開け放して公室と一体に使う、公室との連続性を重視したとのコメントも多く見られた。個別訪問事例の住み方をみると、連続室がある事例のほぼすべてで、私室との間の建具は普段は開け放されている。連続室の使い方を見ると、夫婦のみ世帯の和室の連続室は、ごろりと寝転びテレビを見ながらくつろぐ空間、乳児のいる親子世帯では親の目の届く子どもの遊び場、小中学生の子どものいる世帯では子どもの勉強部屋、成人した子どもがいる世帯でもリビングと合わせて家族が大半の時間を過ごす場であると答えている。一方で私室は、成人した子どもがいる２例以外では、寝る時以外は使わないとの回答が多かった。

　この調査からは、壁とドアで仕切られ個室数確保優先型であった少し古いマンション住戸が、居住者の住要求を反映して、家族が過ごす公室を重視し、個室は確保しつつも公室と緩やかにつながる間取りにリフォームされていることが読み取れた。

4．おわりに

　戦後、日本の住宅は、西山が強く批判した封建的家族の器から大きく革新し、発展してきた。しかしその近代化は洋風化と重なる形で進んだ。そのため日本人の生活との間にズレが存在することは、さまざまに指摘されてきたところである。近年の間取りのオープン化や公室重視傾向、またフローリングでのユカザ生活を、伝統的住様式の再現だと認識している人はそれほど多くないかもしれない。

　しかしこの現象は、洋風化に傾きすぎた日本の住宅が、日本的な住様式に沿う形で軌道修正されつつ、新たな発展をとげている段階と見ることも可能である。西山は、まだ庶民住宅の洋風近代化が進む前の段階から、その後に来る変化までをすでに相当程度に見通していたことになる。

注1）　2013年調査実施、アンケートの配布数630部、回収数111部（回収率17.6％）。訪問調査は協力を得られた14件に対して実施した。

注2）　アンケート結果で合計が100％にならないのは、不明が含まれているためである。

※なお、本稿で紹介した調査は、当時筆者のゼミ生であった岸田朋大氏、佐藤駿氏との共同研究である。

都市住宅の形成
と
ストックの建て替わり

住まいの研究所主宰
鎌田 一夫

1. 都市の発展と都市住宅の成り立ち

　与えられたテーマは、日本の都市・住宅政策と住宅像ということである。まずは、都市住宅の形成を東京の都市発展過程の中で見ていこうと思う。東京は江戸末期の人口が130万人。当時、世界最大の都市で、その構成は武士65万人、町人60万人、僧侶など5万人といわれ、きわめて特異な人口構成だった。これは現代でも同じで、東京は巨大で特異なまちである。

１）同心円状に拡大した都市圏
　その東京も明治維新の政変で大名が領地へ戻ったため急速に人口が減少

し、1872年（明治5）年には86万人まで落ち込んだ。しかし、徐々に人口は戻って1887年（明治20）年には江戸期の130万人まで回復し、1920年（大正9）年には370万人に達する。

　江戸末期の市街地は、西端はJR山手線の内側、東端は中川（荒川放水路）まで、北の赤羽や南の品川は市域外で、この範囲が近代東京の出発点となるコア部分である。そして、戦前（明治以降）の東京圏拡大は、都市計画法・市街地建築物法（1919年制定）が実効し始める1930年頃を境にして、その前後に分けることができる。

　明治の終わりから大正期の前期には、コア部分のひと回り外側で基盤整備なしに農地の宅地化・市街化が進行した。その後に開発された近郊地域の内側にあるのでインナーリングと呼ばれる。このインナーリングは敗戦後に木賃アパートが大量に建設され、今は木造密集地帯として問題視されているエリアにあたる。

　1930年以降の昭和期には、インナーリングの外側（世田谷、練馬、足立など）で土地区画整理や耕地整理が盛んに行われた。当時、東京の耕地整理はほとんど宅地化が目的であった。また、これらのアウターリングでは電鉄会社による住宅地開発（田園調布、国立）、学校法人のまちづくり（ひばりヶ丘、成城学園、玉川学園）が行われ、今でも良質の住宅地ストックとなっている。

2）戸建て持ち家という都市住宅の形成

　ところで、近代に入っての市街地拡大の過程で今日の都市住宅の祖形が作られたと考えられる。

　大正期にインナーリングで農地の宅地化が進んだが、この住宅地に住んだのは役人、教師、会社員など近代化によって生まれた俸給生活者であった。彼らは家を建てる財力はないので地主の建てた借家住まいで、志向した住居形態は下町の長屋ではなく武家屋敷の伝統を引き継いだものであっ

ロンドンの都市住宅：タウンハウス

ロサンゼルスの住宅

日本の都市住宅

写真1．都市住宅の祖形

た。武士の住居は独立性が強く、狭くても隣戸や道路とは空間的に隔てている。こうして、それまでの町家や長屋とも、ヨーロッパのテラスハウスとも異なった戸建て型の住宅が都市内に建てられた（写真1）。

そして、太平洋戦争終戦時の住宅事情がこの都市住宅の祖形にさらなる意味を付け加える。

終戦直後の日本は、空襲や強制疎開による家の破壊に加えて海外からの引揚者によって、420万戸の住宅が不足していた。そのため、国は戦前に布かれていた地代家賃統制令を戦後も継続した。一方で公租公課は強化されたために貸家経営ができなくなった地主は土地や家を次々に売却した。その結果、戦前は借家がほとんどだった都市で（大都市の持ち家率は1～3割）、宅地の細分化所有と持ち家が急速に進んだ。

今ではごく当たり前のマイホームである「庭付き戸建て持ち家」は、俸給生活者の住宅志向と終戦直後の住宅事情（経済）を背景に生まれ、その後アメリカのマイホームの影響も受けて普遍化したのである。

３）シェア居住や木賃アパートが流入人口の受け皿

　終戦により、引揚者や疎開先からの帰還者で東京の人口は急増する。1948年には124万世帯に膨れ上がり、これに対して応急バラックなどを含めた住宅数は88万戸。36万戸の住宅が不足し、同居、間借り、非住宅居住などで雨露をしのいでいた。1950年代には朝鮮戦争による特需景気などで地方からの人口の集中がこれに加わる。

　東京都が行った年代別転入時の住宅調査によると、1950年代の転入者の大半は間借や下宿、寮、住み込みである。住宅の建設もおぼつかなかったこの時期に東京へ転入した若者は、極端な住宅不足の中で今流に言えば過密なシェア居住をしていたのである。

　1960年代の高度経済成長期にはさらに人口が流入するが、転入時の住宅では民間アパートが大きな割合を占めるようになる。その主体となったのが、インナーリングで大正期に造成され戦後地主が手放した宅地に、家主が建てた設備（台所や便所）共用の木造アパートであり、「庭先木賃」とも呼ばれた。

　このように、成長期の大都市への流入人口を受け止めたのは民間借家であった。ところが、戦後の住宅政策で民間借家は一貫して対象にされず、放置されてきた。金融公庫による持ち家の再建支援が政策の主体で、後述する公共住宅が若干加えられたに過ぎない。今日の住宅問題の根源の多くはこの歪な政策スキームにあると言えよう。

４）都市の郊外拡大を推し進めた団地

　話を転入者に戻せば、寮やアパート住まいの若者もやがて結婚し子どもができる。こうした二次的な住宅需要に応えたのが公営・公団住宅であった。当時の公営住宅は今より収入制限がゆるやかで広く国民の住宅不足の解消を目指していたが、1955年には自治体を越えて勤労者のための住宅建設を掲げた日本住宅公団（以下、住宅公団）が発足した。

設立当初の住宅公団は、都内に中小規模の団地（阿佐ヶ谷、牟礼など）を建設するとともに、大量供給を目指して郊外で区画整理事業による団地（光が丘、多摩平など）の建設に着手する。さらにその後は全面買収方式も取り入れ、新住宅市街地造成事業による大規模ニュータウン（多摩ニュータウン、千葉ニュータウンなど）や単独の大型団地建設（花見川、武里など）によって郊外開発を進めた。

　ところで初期の公団団地は、第1次首都圏整備計画（1956年）で構想されたグリーンベルトを虫食い状に開発しており、その後の無秩序な郊外開発（スプロール開発）の引き金と指摘されている。

　1968年の新都市計画法（市街化区域の制定）によりスプロール開発は抑えられた。しかし、団地など計画的な住宅地によって、道路や上下水道などのインフラ、学校などの公共施設、新駅やバスルートなどの交通網が整備されると、それに隣接して民間の開発行為が連なるという形で郊外化は進んだ。

　住宅公団は建設供給した住宅量の何倍も、都市の郊外化・拡大の役割を果たしたのである。

5）超郊外化とマンションの普遍化、そして都心回帰幻想

　1970年代に入ると、都内で十分な住宅を取得できない人たちが郊外に家を求め、30㎞を超えるエリアまで開発が進んだ。成長期に蓄積した資金を都心ではオフィスビルに、郊外では住宅に無理やりに貸し付けるバブル経済が、都市人口のドーナツ化と大都市の超郊外化を促進した。

　また、1970年代以降の住宅供給では区分所有共同住宅、いわゆるマンションが急速に拡大した。もともとは高級なコンドミニアムかワンランク上の公共住宅であったものが手軽なマイホームとして認識され、とくに住宅公団が分譲供給から撤退した1998年以降は民間ディベロッパーの独壇場となった。

　ところがバブル経済が弾け、不良資産の整理に追われた1990年代後半は、都心での業務ビルの建設需要はなく、代わって分譲マンションやRCア

パートが建設されて都心部に人口が戻りはじめた。そこで、郊外から都心への回帰で郊外問題（通勤問題、公的施設不足など）は解決できるので、都心部の規制を解除して高層高密度居住を可能にすべきと、新自由主義者などから提起された。

確かにこの20年ほど、都内は人口の流入超過が続いているが、年に数万人程度に過ぎない。しかも、ほとんどが東京圏以外からの流入超過であり、都内と郊外（近隣3県）との流入流出は±0である。都心回帰で郊外問題は解決できない。そして郊外問題は次に考える空き家問題と重なってくる。

2．ストック社会の住宅とまちづくり

東京圏では人口の流入超過が続いてはいるが、都市圏域を拡大する力はない。他の都市圏では人口流出が起きている。都市の拡大は止まり、日本も都市化社会から都市型社会に移行したのである。そして、都内には高層マンション、郊外にはマイホームと団地の膨大なストックが蓄積された。国の住宅政策も従来の「住宅建設計画法」から「住生活基本法」に代ったこの10年間のHOUSING（住宅問題と住宅需給の両面）を概観し、新しい時代を見据えたい。

１）住生活基本法制定後に噴出した住宅の貧困

2006年の住生活基本法（以下、基本法）制定の国会審議で当時の北側一雄国交大臣は「住宅事情も随分改善されたので、それにふさわしい住宅政策を定めた」と胸を張った。その国会で新自由主義者・八田達夫氏は、「住宅は民間市場で供給できる。それを享受できない低所得者には生活費を扶助するセーフティネットを設ければいい」と、公営住宅の供給などの住宅政策は不用という参考意見を述べている。

八田氏の意見はともかく、基本法制定以降は自治体の財政事情の悪化などを理由にして公営住宅の建設が減っている。さらに、2009年の入居収入基準の引き下げで対象者が狭められ、公営住宅はますます特殊な住宅にされた。ハコからヒトの政策転換と言われたが、その実態はもともと不十分な公的住宅供給の極端な削減となって現れた。

　一方、基本法制定2年後の2008年のリーマンショックによる派遣切りで、家を失った人々が街に溢れ、それを機に大臣の言葉とは裏腹に居住貧困の実態が明らかになった。

- ● 路上・車上生活、ネットカフェやファミレスで過ごすホームレス。
- ● 家賃以外に礼金・更新料・敷金など、一時期に多額の費用がかかる民間借家。滞納者には暴力的な立ち退き強制。高齢者、ひとり親家庭、障害者、外国人などの入居拒否・居住差別。
- ● 都市部の公営住宅での圧倒的な供給量不足（東京都では平均応募倍率30倍）。居住条件限定によって高齢者や低所得者が偏住し、ひきこもりや孤独死。
- ● 持ち家居住者や家主の高齢化による危険なストック住宅の蓄積。古い分譲マンションでの同様の問題。
- ● 家賃軽減のため若者のシェア居住が貧困ビジネス化した脱法ハウス。

２）新築に伴う住み替えの連鎖と社会的建て替わり

　居住の貧困が拡大した基本法制定後10年間に、一方では減少したとはいえ旺盛な住宅の建設供給が行われている。2013（平成25）年の住宅土地統計調査によると、人が居住する住宅のうち直近10年間（2003～2013年）に建設されたのは979万戸である。年間100万戸の建設ペースは維持されている。

　ところが、この10年間で居住住宅のストックは524万戸の増加である。その差455万戸は空き家になるか解体されたと考えられる。この間、空き

2　家族と住まいのビジョンを探る

表1．建築に伴う建て替わり

	総数	持ち家	借家				
			総数	公営借家	UR・公社	民営借家	給与住宅
2003〜2013年建築戸数	9,794,740	5,913,040	3,881,600	202,700	66,720	3,327,820	284,060
2013年住宅総数	52,102,200	32,165,800	18,518,900	1,958,600	855,500	14,582,500	1,122,300
2003年住宅総数	46,862,900	28,665,900	17,166,000	2,182,600	936,000	12,561,300	1,486,100
10年間のストック増加戸数	5,239,300	3,499,900	1,352,900	-224,000	-80,500	2,021,200	-363,800
空き家化または解体された戸数	4,555,140	2,413,140	2,528,700	426,700	147,220	1,306,620	647,860
2013年居住世帯なし	8,530,000						
2003年居住世帯なし	7,028,000						
非居住住戸増加数	1,502,000						
解体された住宅数	3,053,440						

家（非居住住宅）は150万戸増加しているので、305万戸は解体されたと推定できる（表1）。

　一般に、住宅が新築されてある世帯が移り住むと、それまで住んでいた家は空き家になり別の世帯が移り住むという「住み替えの連鎖」が起こる。そして、「最期」の空き家は廃屋となってやがて解体される。新築＞住み替え＞空き家＞解体、という過程は社会的な建て替わりといえる。

　この建て替わりを住宅種別に見ると、持ち家に比べて借家が空き家化・解体の割合が高い。借家は運用資産でもあるので、活用の都合で建て替わりが激しい。ところが、借家の中で安定した住宅のはずの公営住宅やUR・公社住宅でストックが減少している。縮退社会とはいえ、民間借家より先に公共借家がストックを減らしている現実は深刻な問題である。

3）これからの「社会的な建て替わり」のかたち

　さらに、建て替わりで生じる空き家の増加が社会問題化している。2013年時点で空き家は820万戸に、空き家率も13.5％に達した。しかも、再利

用法がない「その他の空き家」が10年間で100万戸も増えており、空き家問題がより深刻化したことがうかがわれる。

　今後、さまざまな主体が空き家対策に取り組むだろうが、近視眼的に空き家の再活用に走ることなく、住み替え、建て替わりの動態を認識しておく必要がある。

- 世帯数が増えない社会では新築は必ず新たな空き家を生む。
- 空き家の住宅として再利用は新たな空き家の発生は抑えるが、空き家戸数減にはならない。
- 再活用できる空き家は限られており、解体の積極面を考えるべきである。
- 空き地の活用は空き家の利用以上に意味がある。

　これからの社会ではストックを利用して新築をなるべく抑えていくべきと誰もが思っているだろう。そして、日本は住宅需要に対して新築の割合が高すぎると。需給の実態を概観してみよう。

　自宅の建て替えを除いて、住宅の取得には引っ越し（移動）が伴う。だから、移動数は住宅需要を示しているといえる。住宅統計調査によると、2009（平成21）年以降5年間で住居を移動した世帯は全体の17.9％となっている。また、住生活総合調査では同時期に住み替えた世帯は19.0％である。この中には住宅需要につながらない移動（同居のためや家族に同伴など）を含むが、一方で5年間に複数回移動した世帯もある。

　そこで、大まかに年間の住宅需要は総世帯の4％弱、約210万戸とすると、これに対して新築が90万戸である。日本人は移動が少なく、その結果住宅需要の総量が小さいと言わるが、それにしても新築の割合が高すぎる。

　この需給構造を変えて、ゆるやかな建て替わりでまちを育てていくHOUSINGが求められている。

※ 本稿は私も参加している住宅公団の元職員やコンサルのOBでつくる「計画住宅地研究会」の成果を利用して執筆した。

3章

居住貧困をなくすために

岸岡のり子
阪東美智子
大崎　元
水田　恵
三浦史郎
坂庭国晴

HOUSERs

東京
の
低家賃民間賃貸住宅

和洋女子大学 研究生
岸岡のり子

1. 東京の低家賃民間賃貸住宅をめぐる諸課題

Ⅰ）戦後の東京の住宅問題

　わが国では、終戦直後の住宅不足、高度成長期の都市部への急激な人口移動により「高・遠・狭」と言われる高家賃・遠距離通勤住宅・狭小過密などが問題とされてきた。

　1990年代以降、新たな貧困問題が再び社会問題とされるようになってきた。路上生活者の増加、「ネットカフェ難民」といった広義のホームレス状態が深刻化し、2008年のリーマンショック後には、貧困居住や居住の不安定状態にある人々が顕在化するようになった。都内の自治体が高齢者施設

不足により生活保護受給者の住まいとして他県の施設を活用していたことや、火災事故により木賃老朽アパートが生活保護受給者向けの「"福祉可"物件」として活用されていることが明るみになった。

これらの現象は、規制緩和の下で、非正規雇用といった雇用の不安定の拡大、住宅費を確保できない低賃金の「ワーキングプア」などの雇用事情が背後にあり、家族扶養機能の衰退や疾病、心身の障がいといった個人的要因を医療・福祉の公的支援の後退によりカバーできずに、住宅さえも失う状況が増えてきたことによる。

そうした大都市における低所得者には、自立して入居できる住宅の選択肢が少なく、一定の質を確保した低家賃住宅は非常に少ない。「住宅に困窮する低額所得者に対して低廉な家賃で賃貸」するはずの公営住宅は、東京都区部のストックが3.7％（2013年住調）しかなく、入居倍率は一般世帯向けで28倍（2016年5月）、単身者で51倍（2016年8月）、高齢者用シルバーピアで59倍（2016年8月）と選択可能性は小さい。したがって多くの低所得者がアクセスしやすいのは全ストックの39.9％（2013年住調、区部）を占める民間賃貸住宅であるが、低家賃住宅は総じて低質である。しかし低所得者にとっては低質であろうと、入居可能な低家賃住宅としての存在意義があるというジレンマに陥っている。

2）国の民間賃貸住宅政策

戦後日本の住宅政策は、低所得者向けに公営住宅、中堅所得者向けに公社・公団住宅、そして住宅金融公庫を3本柱とし、所得階層別に展開されてきた。1966年に始まった住宅建設五箇年計画は、主に住宅の新規供給量をコントロールし、1973年には住宅数が世帯数を上回ったことで住宅不足は表面的には解消された。これにより「量から質へ」と言われて久しい。2006年に住宅政策の基本法である住生活基本法が成立・施行され、同時に住生活基本計画（全国計画）が定められた（直近では2016年3月改定）。

この50年以上に渡る住宅行政の中で、民間賃貸住宅については無策であった。民間賃貸住宅市場は主に景気の側面からその供給や安定化が関心を呼ぶのみで、現実には、高齢者や母子家庭などへの入居差別、狭小・過密居住、高家賃、退去時の原状回復の高負担などがあるが、すべて家主と店子の問題、居住者本人の問題とされてきた。民間賃貸住宅に対する規制は、建築基準法による建物安全規準と借地借家法に任されるのみである。1990年代には規制緩和が進み、居住貧困を生み出した。

　住生活基本法は住宅供給ではなく住生活に主眼がおかれた点では画期的であるが、民間事業者の活用など市場主義をベースとするもので、住宅確保は自己責任とされ、低所得者・高齢者・障がい者・子育て家庭など「住宅の確保に特に配慮を要する者」の居住確保が保障されたわけではない。翌2007年に「住宅確保要配慮者に対する賃貸住宅の供給の促進に関する法律」(通称、住宅セーフティネット法) が成立し、低所得者への居住支援が提起された。

　その他、高齢者への居住支援として、介護・医療と連携して高齢者の住生活を支援する「サービス付き高齢者向け住宅」や、失業者向けに求職活動とセットとなった「離職者住居支援給付金」がある。また、空き家活用と連動した「住宅確保要配慮者あんしん居住推進事業」が取り組まれている。

3) 東京都の民間賃貸住宅政策

　戦後、東京都は一貫して都営住宅供給を基本とした住宅政策を行ってきた。美濃部都政 (1967〜1979年) の下でシビルミニマム研究会が民間賃貸住宅を視野に入れた『東京の住宅問題』をまとめた (図1)。当時、山手線西側沿線と京浜東北線沿線部に木賃アパートが大量に建設・供給され、『木賃アパートベルト』と呼ばれた。これは実質的には住宅白書であった。国の一極集中政策により、民間賃貸住宅の質の向上などは放置されてきたが、バブル期に居住不安が強まり対応策が必要となった。基礎自治体である特別区ではさまざまな施策が展開され、これらの動きを受けて都は1992年、

3 居住貧困をなくすために

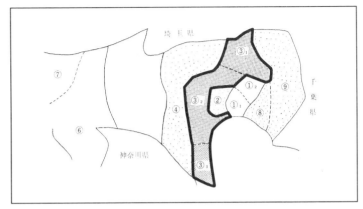

図1. 東京の木賃アパートベルト地域
（三宅 醇ら『東京の住宅問題』東京都、1971年）

東京都住宅基本条例を策定した。条例に基づき1992〜2003年に11回に渡り東京都住宅白書を作成し、『東京の住宅問題』以降の住宅・居住の実態を把握・分析している。

しかし東京都は2004年の組織再編で住宅局をなくし、都営住宅の管理は東京都住宅供給公社の管轄となった。また、都営住宅の新規建設は行わず、建て替え・再編を進め、建設抑止策を継続した。

住宅マスタープランは同時に住生活基本計画を兼ねるものとなっていることから、これまでの計画と比べると住生活への言及が見られる。都内には約88万7千戸の空き家がある（2013年住調）が、都として十分に現状把握できているわけではない。低質住宅を減らしていく方策として、木賃アパートベルト地域を含む密集市街地の改善は強調されているが、民間賃貸住宅の質の改善に関しては数値目標など掲げられていない。

民間賃貸住宅への円滑な入居促進や高齢者への生活支援など、各基礎自治体の居住支援協議会の活動への期待があるが、都内では、千代田区、江東区、豊島区、杉並区、板橋区、八王子市、調布市の5区2市が発足済である（2016年11月現在）。

91

4）各区の民間賃貸住宅政策

　特別区各区では東京都に先駆けて住宅条例・住宅白書づくりが行われ、バブル期中途から、特定優良賃貸住宅やシルバーピア、家賃補助制度が展開された。

　1990年代前半には12区で家賃助成施策が実施されていた。その内容は「特別区の単独事業＝子育て世帯、新婚世帯、その他の世帯などを対象にした定住化対策としての家賃助成」、「東京都との連携事業＝福祉局による高齢者・障害者・一人親世帯の住み替え家賃助成」、「都市更新事業における居住継続支援事業による家賃助成」の３タイプに分けられる。

　これら自治体独自の家賃補助施策は、その後、各区の財政難を理由に縮小されつつあり、2012年度、子育て世帯家賃助成などを実施している区は6区（新宿、文京、台東、渋谷、豊島、目黒）であった（2016年度の実施状況について調査中）。

2．東京都特別区における低家賃住宅の実態

　筆者は2011〜12年度の２年間、東京都特別区における低家賃住宅の実態調査を行った。以下は当時の調査結果であるが、現在も基本的には同様の状況であると認識している。

１）調査の概要
　【調査１】　2005年国勢調査および2008年住宅土地統計調査の公表結果
　　　　　　およびオーダーメード集計を分析。
　【調査２】　賃貸住宅情報サイト「SUUMO」（株式会社リクルートホールディングス）から、家賃55,000円以下の物件15,438件について分析。物件数がもっとも多い板橋区赤塚３丁目について、

目視による建物評価を実施。

【調査3】 NPO法人日本地主家主協会員2,005名に対し、アンケート調査を実施。有効回答は351名（17.5％）。地域、築後年数などを考慮して10名にインタビューを実施。

【調査4】 低家賃住宅を支援付きアパートなどとして利活用している3事例について、文献調査及び実施主体インタビューを実施。

2）結果の概要

　総括すると、低家賃住宅が低質であることが改めて実証された。非木造の物件についてはとくに狭さの問題がある。分布は高度成長期の「木賃アパートベルト」より拡大している。民間賃貸住宅が単身者の受け皿となっている。質の改善は家主の努力や市場を通じてでは困難である。詳しくは次のとおりである（図2、表1）。

① 公的統計データから、延面積が小さく、築後年数が古く、旧耐震のものも多く、腐朽・破損のある物件が多いなど、物理的条件が悪いことが明らかになった。非木造で古く小規模なものは市場で選ばれなくなった場合に、改修・建て替えに困難を抱えそうである。

② 市場で流通している低家賃住宅を描くと、1990年頃建てられた築24年程度の木造で、1Rか1Kで、トイレのないものは2.5％、風呂のないものは6.5％であった。専有面積は17.5㎡程度と最低居住面積水準25㎡にはほど遠いにもかかわらず、5〜5.5万円の家賃設定である。

③ 低家賃住宅の町丁目別分布を見ると、高度成長期の「木賃アパートベルト」よりも西側、東側に低家賃住宅の集積が広がっており、隣接した複数の町丁目に連担している。非木造も多く含まれていることから、除却や改善が難しく、地域再生・まちづくり上の課題となりやすい。

④ 民間賃貸住宅の居住者は約6割が単身者で、とくに木造に高齢単身者が

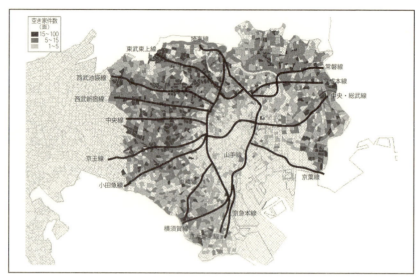

図2．市場低家賃住宅町丁目別分布（調査2）

多く住んでおり、収入300万円未満世帯が3割ある。低家賃住宅に住む世帯は約12万7千世帯で、このうち収入300万円未満は5割強である。低所得者の受け皿として民間賃貸住宅が機能している。世帯収入が低いほど民借木造に住む割合が高くなっており、貧困層の生活の質に問題がある。

⑤賃貸住宅経営者の実態は、NPO法人日本地主家主協会に所属する家主の過半数が70歳代以上であり、高齢化が顕著である。経営規模は零細で、家主の自宅と同一建物又は隣接しているケースが多い。家主は、家賃収入減少、空室、老朽化の3大課題を抱えている。後継者がいても賃貸経営を継承してくれるかわからないという悩みが大きい。若年単身向け住宅として利活用することへの賛意は高く、家賃と身元保証の心配が解消されれば低所得者向け住宅に関心を持つ家主は少なくない可能性がある。

3　居住貧困をなくすために

表１．代表的な物件の概要（調査２）

	事例１	事例２	事例３
所在地	世田谷区上馬３	江戸川区中葛西６	板橋区赤塚４
家賃	19,000円	53,000円	45,000円
間取り	１Ｒ	１Ｒ	２Ｋ
専有面積	9.9㎡	18㎡	29㎡
構造	木造	ＲＣ	木造
種別	アパート	マンション	アパート
築後年数	42年	18年	35年
間取り（縮尺は不揃い）			
外観			

⑥民間老朽アパートの活用・再生事例から、活用には改修が必要であるものの、家主が改修費を負担する場合は十分な耐震化や居住性能向上が実現できるが、借上げ側が改修費を負担する場合はどちらも不十分な現状である。ホームレスなどの自立支援に活用されているケースでは、個人の専有面積が小さく居住水準の点で問題があるが、共同リビングなど共用部分の確保と生活サポートによって、居住の安定・安心を支えている。

３）特記事項
　● 本稿で用いる「低家賃住宅」とは、東京都の生活保護の住宅扶助基準

額53,700円を参考に、家賃55,000円以下と定義。
- オーダーメード集計結果とは、統計法に基づき、独立行政法人統計センターが行う特別集計である。この集計の提供を受け、筆者が独自に作成・加工。
- 家主アンケートおよびインタビューは、和洋女子大学ヒトを対象とする生物学的研究・疫学的研究に関する倫理委員会の承諾を得て実施。
- 地図作成は、ベースマップをGラボ・コム（しまね電子国土研究会）からSHAPEファイルを購入し、ソフトウェア「地図太郎PLUS」（東京カートグラフィック株式会社）により町丁目データベースを反映。
- 本研究は一般財団法人住総研の研究費助成を受けて実施。

3．民間低家賃住宅活用の条件と課題

　低所得者が質の良い住宅を求めるには、市場の中では限界がある。低所得単身者の支払える家賃で住宅の質（affordability）を確保するためには、家主と居住者の両面への支援が必要である。欧米先進諸国では「石から人へ：from bricks & mortar to people」の住宅政策として定着しており、これを参考に課題を述べると以下のようになる。

１）家主への支援
① 低質なストックを良質なものへと改善すること
　　耐震化、大規模改修、用途変更、建て替えなどがあるが、建て替えると高家賃化してしまうため、安易にスクラップ＆ビルドせず、助成金などにより耐震改修を促進し、良質なストックに改変する。
② 住宅としての質を確保すること
　　低家賃住宅であっても、健康で文化的な住生活を保障する居室水準と

して、住生活基本計画が掲げる「単身者25㎡」を目標とすべきである。低所得者向けだから、既存住宅活用だからという理由で、面積が小さくても良いという論には賛同しかねる。ホームレス自立支援などの中間居住施設として活用する場合でも、基本的には設備専用が望ましい。質の改善を行う場合、単身低所得者が支払える家賃と改善による家賃上昇との差額をどこまで支援できるか課題である。

2）居住者への支援
①家賃補助制度創設の検討
　家賃補助制度は東京特別区での定住化対策としての実績があるものの、現在は公営住宅の補完的位置付けと考えられている。東日本大震災後は「みなし仮設住宅」という形で、民間賃貸住宅への家賃補助が行われた。家主の関心も高いことから、より普遍的・恒久的施策として家賃補助制度の創設が必要である。
②生活サポートの必要
　家主の不安を解消し、賃借人の居住の安定を図るためには、単に住宅を提供するだけでなく、居住の安定を図るためにも生活サポートが必要であり、サポート経費にも助成が必要である。住宅政策の中でこれを位置付ける必要がある。

4．最後に

　居住貧困は非常に身近な問題である。職を失えば不安定になる社員寮、母子・障害・高齢などの理由により敬遠される民間賃貸住宅、経済的に自立できないために離婚できない女性たち、住宅ローンの破綻、そして老朽化したバリアフルな持ち家で暮らす高齢者たち。

貧困問題に関して、国の施策でも地方行政でも、セーフティネット論に関心が高まっている。居住の側面では例えば「あんしん賃貸支援事業」などである。セーフティネットが不要とは思わないが、盛んに議論されるセーフティネット論は、市場主義の中でいったん突き落とされる人がいることを前提とし、落ちた人を受け止める網を張るということと理解する。弱者であっても落ちないようにするのが本来の行政の役割ではないか。

3 居住貧困をなくすために

```
┌─────────────────────────┐
│                         │
│      困窮する人々        │
│         と              │
│      居住支援           │
│                         │
└─────────────────────────┘
```

国立保健医療科学院上席主任研究官
阪東 美智子

1.「住宅確保要配慮者」の増加

　「住宅確保要配慮者」という言葉がある。文字どおり「住宅の確保に配慮
を要する者」ということであるが、この言葉は2006年に制定された「住生
活基本法」で位置づけられた。同法第6条、および翌年に制定された「住宅
確保要配慮者に対する賃貸住宅の供給の促進に関する法律（住宅セーフティ
ネット法）」第1条に示され、「低額所得者、被災者、高齢者、障害者、子ど
もを育成する家庭その他住宅の確保に特に配慮を要する者」を指す。

　低額所得者の定義は一様ではないが、例えば厚生労働省は援助・軽減策
の適用基準を「市町村民税非課税者等」としている。具体には、生活保護法

による生活扶助を受けている者、障がい者・未成年者・寡婦（夫）で前年の所得が125万円以下（給与収入の場合は204万4千円未満）の者、前年の所得が一定の金額以下（市町村条例によって定める金額が異なる）の者、のいずれかに該当する者である。

　生活保護を受給する世帯は2016年3月時点で163万5,393世帯であり、過去最多を更新した。バブル崩壊期の1995年は60万1,925世帯であったが、この20年間で2.7倍に増加している。受給者数は216万4,154人で総人口に対する保護率は1.71％だが、生活保護の捕捉率は2割程度との推計もあり、これに従えば生活保護基準以下の所得の世帯は実際には約800万世帯もいることになる。

　低額所得者が増えている背景の一つに高齢化や雇用形態の変化がある。先に示した生活保護受給世帯のうち高齢者世帯の割合は5割を超えている。高齢者人口は、2015年にいわゆる「団塊の世代」が65歳以上となり3,392万人となったが、その後も増加し、2042年に3,878万人でピークを迎えると予測されている。総人口に占める65歳以上の人口の割合（高齢化率）は2015年で26.7％、2060年には39.9％に達し、2.5人に1人が65歳以上になると予測されている。

　高齢者世帯の主な所得は年金である。厚生労働省の「国民生活基礎調査」（2015年）によると、公的年金・恩給を受給している高齢者世帯（65歳以上の者のみで構成するか、またはこれに18歳未満の未婚の者が加わった世帯）の55％は、公的年金・恩給のみに頼っている状況である。一方、無年金世帯も5％存在する。年金受給者の平均年金月額（2014年度末）は、老齢年金では厚生年金保険が147,513円、国民年金が54,497円である。国民年金のみに依拠している場合は、生活保護基準（例えば1級地-1における70歳の単身世帯の生活扶助基準は74,630円）以下の所得となる。

　高齢者の増加に対し稼働年齢層の割合は減少し、しかも非正規雇用者が増加している。労働力調査によると、1990年に881万人だった非正規雇用

者数は2016年には2025万人と2倍以上である。非正規雇用者は雇用期間が定められていることに加えて賃金が低く、各種制度の適用が正規雇用に比べて低い。「賃金構造基本統計調査」（2015年）では、月収ベースで正社員・正職員が321.1千円であるのに対し、正社員・正職員以外は205.1千円であり、正社員・正職員の賃金を100とすると、正社員・正職員以外の賃金は63.9となる。

　低額所得者、高齢者などの増加に加えて、ここ数年は大規模災害による被災者も多数生み出された。過去20年間の主な災害を見ても、1995年の阪神・淡路大震災、2004年の新潟県中越地震、2011年の東日本大震災、2014年の広島市土砂災害、2015年の関東・東北豪雨、2016年の熊本地震などがある。今後も南海トラフ地震や首都直下型地震など、従来の規模を上回る大規模災害の発生が予測されている。

　このように、「住宅確保要配慮者」として挙げられる高齢者や低額所得者、被災者の数は年々増加している。しかし、これらの人々すべてが住宅に困窮している人々だと言えるのだろうか。

2.「住宅確保要配慮者」の困窮要因

　「住宅確保要配慮者に対する賃貸住宅の供給の促進に関する基本方針」では、住宅確保要配慮者の範囲を、次のいずれかに該当する者と定義している。

（1）高齢者、障害者等の居住に適したバリアフリー化された賃貸住宅又は
　　　子育てに適したゆとりある面積を有する賃貸住宅等の住宅確保要配慮
　　　者の属性に応じた適切な規模、構造等を有する賃貸住宅が民間賃貸住
　　　宅市場において十分に供給されていないこと、民間賃貸住宅市場にお

いて家賃の滞納や紛争発生への不安等から住宅確保要配慮者の入居が制限される場合があること、家賃を負担するために必要な収入が十分にないこと等の民間賃貸住宅市場において、適切な規模、構造等の賃貸住宅を確保することを困難にする特別な事情を有する者

（2）災害によって自らが居住する住宅を失った等の特別な事情により、適切な規模、構造等の賃貸住宅を確保することについて高い緊急性を有する者

　（2）はシンプルに災害被災者のことであるが、（1）は「住宅確保要配慮者」の説明に「住宅確保要配慮者」という言葉そのものを用いているので何ともわかりにくい。意訳すれば、①民間賃貸住宅市場において属性に応じた規模や構造の住宅が十分に供給されていない、②民間賃貸住宅市場において入居が制限される場合がある、③家賃を負担するために必要な収入が十分にない、などの理由により民間賃貸住宅市場で適切な住宅が確保できない者、となるだろうか。

　基本方針では、これら「住宅確保要配慮者」に含まれる可能性のある属性として、低額所得者、被災者、高齢者、障がい害者などが列挙されている。このため、この属性自体があたかも「住宅確保要配慮者」そのものを表しているかのような誤解を与える。しかし実際には、これらの属性を持つ人々のうち前述のいずれかの条件にあてはまるものが「住宅確保要配慮者」なのである。おもしろいことに、住宅確保を困難にしている要因は対象者の属性に帰するというよりはむしろ、民間賃貸住宅市場の供給体制そのものにあることが示唆される。つまり、市場が対象者の属性に応じた規模・構造の住宅を供給し、入居を制限することなく、低収入でも入居できるシステムがあれば、住宅確保に困難をきたすことはなく、災害により住宅を滅失しない限り住宅確保要配慮者ではないのである。

　ところで、公営住宅法第23条2項には、公営住宅の入居要件として「住

宅困窮要件」を具備する者であること、が課されている。住宅の困窮要件を
どのように評価し判定しているのかは自治体によるが、例えば北海道上富
良野町の町営住宅の困窮度判断基準は、表1のとおりである。住宅確保要
配慮者となり得る種々の属性のほかに、非住宅居住、保安・衛生面の危険性、
同居・世帯分離、規模・設備基準、立退き、通勤・通院の利便性、家賃負担
率などが、判定項目として挙げられている。この表からも、住宅困窮は、単
純に人の属性に帰するのではなく、適切な住宅を確保できない要因が多様
に存在していることがわかる。

3．住宅市場の課題

　住宅の確保を困難にしている理由は、住宅市場の体制にもある。「住宅」
が商品として市場で売買あるいは貸借される環境である限り、市場に参画
できない人は商品を手にすることができない。
　市場に参画するためには金銭と信用が必要であり、金銭と信用の多寡が住
宅確保の難易度に影響している。とくに社会的信用は住宅市場では重要であ
る。なぜなら、住宅は高額商品であるため、住宅ローンや家賃などを長期に
渡って支払い続けなければならず、その支払い能力や責任能力に対する保証
が求められるからである。住宅購入の際には住宅ローンの「信用調査」があ
るが、賃貸の場合はそれが入居時一時金（敷金）や保証人という形で求めら
れているのだと言えよう。また、購入・賃貸後は、投資や投機目的の場合を
除いて一般にはその住宅に住むことになるため、住宅の維持管理の状態や近
隣住民や地域社会との関係にも配慮が必要である。とくに賃貸の場合は、住
宅の所有権は家主にあるため、その維持管理の状況はその後の資産価値にも
かかわる。また、近隣住民や地域社会に対し家主としての責任が問われるこ
とから、借家人の選定はある程度慎重にならざるを得ない。

表 1. 北海道上富良野町の町営住宅困窮度判断基準の概要

判定項目	判定基準項目	判定点
住宅以外の建物もしくは場所に居住している者	工場、倉庫などの非住宅に居住している世帯	5
	非住宅を転用した住宅に居住している世帯	3
保安上危険もしくは衛生上有害な状態にある住宅に居住している者	持ち家が耐用年数を超え老朽などにより修理不可能な住宅に入居している世帯	3
	持ち家が耐用年数を超え老朽化し、住宅構造部分に大修繕が必要な住宅に入居している世帯	1
	崖上または崖下などで極めて危険な場所に住んでいる世帯	3
	付近に悪臭や騒音を放つ施設があり被害を受けている世帯	1
	1 日中ほとんど日照、通風がないところに住んでいる世帯	1
他の世帯と同居して著しく生活上の不便を受けている者	1 つの住宅に 2 世帯以上同居している世帯	3
	親族と同居しているが苦痛が甚大な世帯	1
住宅がないため、親族と同居することができない者	配偶者（婚約者を含む）または扶養を要する親族が別居している世帯	3
	親子、兄弟と別居している世帯	1
住宅の規模、設備または間取りと世帯構成との関係から衛生上または風教上不適当な居住状況にある者	台所またはトイレを他の世帯と共同で使用している世帯	3
	1 つの部屋または間仕切り不完全なところに 2 夫婦以上が居住している世帯	5
	夫婦と 12 歳以上の者が 1 つの部屋に就寝している世帯	3
	1 つの部屋に 12 歳以上の異性兄弟が就寝している世帯	3
	1 つの部屋に 12 歳以上の同性兄弟が就寝している世帯	1
	最低居住水準未満の住宅に居住している世帯（1 人当り床面積 4 畳以下）	5
正当な事由による立退きの要求を受け、適当な立退き先がないため困窮している者	家主から立退き要求を受けている世帯（自己の責によるものを除く）	5
	競売により立ち退き要求を受けている世帯	5
住宅がないため、勤務場所から著しく遠隔の地に居住を余儀なくされている者	通勤距離 10km 以上または通勤時間 20 分以上を余儀なくされている世帯	1
住宅がないため、かかりつけの病院から遠隔の地に居住を余儀なくされている者	通院距離 3km 以上で、運転者が 70 歳以上または車を所有していない世帯	1
収入に比して著しく過大な家賃の支払いを余儀なくされている者	家賃の負担率が 20％以上である世帯	3
	家賃の負担率が 10％以上 20％未満である世帯	1
住宅に困窮していることが明らかな者	ひとり親世帯　子ども 3 人以上	5
	ひとり親世帯　子ども 2 人	3
	ひとり親世帯　子ども 1 人	1
	多子世帯　子ども 3 人以上	5
	多子世帯　子ども 2 人	3
	小さな子ども（小学校入学前まで）のいる世帯	1
	介護を必要とする病人などの専用の部屋がない世帯	5
	火事により住宅に困窮している世帯	5
	解雇および会社の倒産などにより職を失った世帯	5
	自己都合により職を失った世帯	1
	配偶者などからの暴力被害を受けている世帯	5
	犯罪被害者などの世帯	5
	現に同居している心身障害者（重度）のいる世帯	3
	外国からの引揚者	3
	シックハウスによる被害を受けている世帯	3
	初回申し込みから 2 年以上経過	1
	75 歳以上の高齢者の世帯（入居者または同居者）	3
	生活保護世帯	3

これらの問題は、住宅の購入・賃貸の契約時や入居時にのみ生じるものではない。その住宅に住み続けるためにも、住居費負担や家主・近隣社会などに対する信用の持続が求められる。しかし、時間の経過とともに、雇用環境の変化（減給、転勤、転職、倒産、失業など）、家族構成の変化（結婚、出産、子どもの成長、別離、死亡など）、心身の変化（加齢・疾病・事故などによる障害など）が生じる可能性があり、これらの変化によって経済的条件や信用力が低下する恐れがある。

公益財団法人日本賃貸住宅管理協会の調査（2015年3月）によると、単身高齢者の入居を拒否しているオーナーの割合は5.7％、高齢者のみの世帯の場合は5.1％、障害者のいる世帯の場合は3.2％である。また、高齢者世帯の入居に拒否感があるオーナーの割合は60.2％、障害者世帯の場合は67.3％にのぼる。入居を拒否している理由の上位は、①家賃の支払いに対する不安（70.2％）、②居室内での死亡事故などに対する不安（63.1％）、③他の入居者・近隣住民との協調性に対する不安（52.4％）である。

高齢者や障害者が市場で敬遠されるのは、経済的条件を満たさないからだけではなく、これらの人々に対する漠然とした不安、つまり社会的信用が過小であるからなのだ。

4．求められる住宅市場のあり方

では、このような状況を解消するためにはどうすればよいのか。

市場を活用した住宅施策を前提とするのであれば、いわゆる要配慮者が市場に参入できるようにすることが必要である。

まず供給者に対しては、もっとも簡便な方法として、啓発活動がある。拒否感を持たれている高齢者や障害者などに対する理解を深め不安を解消してもらうことが先決であろう。また、低額所得者が確保できる住宅商品を増やすためには、家賃統制という方法も考えられる。しかし、市場にどこ

まで介入してよいのかは慎重な検討が必要である。

　次に需要者に対しては、経済力に対する支援として、収入向上のための就労・転職支援、貯蓄や住居費負担バランスのための家計管理アドバイスなどがある。また、家賃補助や直接融資などにより所得を補完する方法もある。ただし後者の場合は、コストの増大が懸念されるため、現在は国も自治体もその実施に消極的である。信用力に対する支援としては、行政などによる保証制度が考えられる。これまでも民間保証会社の活用などが行われてきたが、住宅確保要配慮者はリスクが高いという理由で保証を引き受けない場合があることや、家賃債務保証を利用するにもかかわらずオーナーからさらに個人の連帯保証人を求められる場合があることなどの課題が指摘されている（家賃債務保証の情報提供等に関する検討会「家賃債務保証の情報提供等に関する方向性（2016年12月）」）。

　現在の施策は、もっぱら、需要者に対する情報・知識の提供が主であり、あんしん賃貸住宅の登録などが実施されているが、経済力と信用力の向上を図らなければ、根本的な解決とはならない。

　なお、上記のような支援策を講じても市場に参入できない人に対しては、住宅市場に代わって直接に公営住宅などを供与する方法が考えられる。あるいは、要配慮者に代わって住宅市場で行政やそれに代わる団体が住宅の賃貸契約をし、要配慮者にサブリースするという方法がある。

　住宅確保の支援に加えて、確保した住宅に住み続けられるようにするための支援も必要である。経済力低下による家賃滞納、孤独死への不安、維持管理の困難、災害による住宅の損壊・滅失などは、誰にとっても起こり得る問題である。現在の住宅市場では「居住継続」に関する商品はほとんど扱われていないが、これらの将来の変化に対する備えとして「保険」の整備を検討することも求められているのではないだろうか。

5．居住支援協議会とその活動

　住宅セーフティネット法では、居住支援協議会が住宅確保要配慮者の居住支援の要の一つとして位置付けられている。地方公共団体、不動産関係団体、居住支援団体などにより構成され、2016年11月末時点で全都道府県と17区市町の計64自治体に設立されている。

　居住支援協議会の主な活動は、要配慮者向けの民間賃貸住宅などの情報発信や紹介・斡旋、住宅相談サービスの実施（住宅相談会の開催、住宅相談員の配置、サポート店の設置など）で、なかには家賃債務保証制度、安否確認サービスなどの紹介、賃貸人や要配慮者を対象とした講演会などを開催しているところもある。いずれも入居支援が中心であるが、福岡市居住支援協議会では、福岡市社会福祉協議会が事務局となり、「ずーっとあんしん安らか事業（死後事務委任）」など、本人の安心と同時に家主にとっても安心につながる事業を展開している。また、川崎市の「居住継続システム」は「制度利用者に、病気、事故などが生じた場合、あるいは、言葉の違いによるトラブルが発生した場合などに、川崎市、市関連団体、市民ボランティア団体などがさまざまな支援を実施する」といった、家主の不安解消に貢献するシステムを構築している。

6．望ましい居住支援とは

　ここで、改めて「支援」のあり方について考えてみよう。

　支援には、①本人に力を付ける方法、②本人の力を補完する方法、③本人を取り巻く環境や制度を変化させる方法が考えられる。①の支援が望ましいが、加齢や障がいによる健康面の問題などにより本人の力の回復が望

めない場合もある。そのような場合は②の方法による支援となるが、支援期間が長期化したり支援の対象者が多数の場合はコストがかさむという問題がある。③の支援は、環境や制度を変えることで社会の弊害を取り除こうとするものである。居住支援はこの方法で進めるべきものではないだろうか。

　舘岡康雄は、著書『利他性の経済学』（新曜社）で、「支援」を「管理」と対比して説明している。「管理」は対象者を管理する側に合わせて変えることで管理者の意図を果たすのに対し、「支援」は支援する側が対象者に合わせて変わることで対象者の意図を果たすことである。現在の要配慮者に対する施策のほとんどは、要配慮者を市場の都合に合わせるためのものであり、要配慮者を「管理」しているに過ぎない。本来の居住支援とは、要配慮者に合わせて社会や市場の仕組みを変え、要配慮者の意図が果たせるようにすることなのである。変わらなければならないのは支援される側でなく支援する側であるということを意識することが必要である。

居住貧困と地域再生

建築工房匠屋
大崎 元

1．居住貧困という視点から

　20世紀末の1998年、中島明子さんに示唆を受けて山谷問題にかかわり、そこから居住貧困の現場を見ていくことになった。居住貧困という視点はそれまでの建築設計、「つくる」を目指す建築行為にはなかったものであり、「失われた」居住をいかに「回復」するかという居住をめぐる根源的な課題に目を向けることになった。同時に、科学と実践、調査研究と居住創出という二面が強い連携をもって現前し積み重なっていく経験を得た。居住貧困をなくす取り組みは「最初に住まいを」というハウジング・ファーストの実践からはじまり、それが独自のかたちで展開しつつ地域にまで敷衍しつ

つある。と同時にさまざまな面での限界も見えてきた。ここではそうした経験からの知見をもとに、居住貧困に抗するための課題を居住と地域との相互性に視点を置いて考察する。

　生活支援や就労支援の後に居住があるのではなく、何よりもまず居住支援を出発点として地域での生活全体を回復するというハウジング・ファースト・アプローチは、究極の居住貧困であるホームレス状態からの回復に大きな成果のあることが見えてきた。と同時に、ハウジング・ファーストの欠如という視点からホームレス状態に限定されない多様な課題状況を捉えることで、居住貧困の広い地平も見えてきた。

　居住支援を現場で創り出そうとするとき、それは住居のような単体だけでは完結しない。支援者を含む地域の社会資源との適切な応答がなければ孤立した「囲い」にしかならない。住まいと地域は相互に依存し合う関係にある。だとすると、主体性を持って動的にアプローチしようとする居住保障が同じく動態的な地域再生につながるかどうかは相互依存のかたちの有効性によるのかもしれない。

2．狭義の居住貧困

　2000年以降、市民活動や研究活動を通じて居住喪失が居住貧困の極相として顕在化（見える化）されてきた。いわゆる狭義のホームレス問題である。路上生活者実態調査にかかわる中で、路上生活への経緯が民間アパートに代表される比較的安定な居住から直に、2000年東京都調査ではおよそ1／3の人がドヤや飯場などを経ずに、路上に直結していたことをみた。一方、路上生活は浮浪のイメージとは異なり、居場所が固定され行動範囲もきわめて限定的で、都市雑業のような独自の社会資源、社会関係資源につながる「地域性」が顕著であることも知った。居場所あるいは住処とも言

えるそうした場の領域は通常イメージする「住宅」でも「地域コミュニティ」でもないが、社会的親密圏とでも呼べる領域性を持つ。それをもう一度形成し直し保持していくことが、その人の抱える根源的な不安定からの離脱を可能にするのではないか。そのために取り組んだ手法の一つが「サポーティブ・ハウジング」という「中間居住」形態であり、そこでの支援活動を基点に浮かび上がる社会的親密圏が中間居住を支える「地域」になり得るという経験を持った。

3. 中間居住と地域

「中間居住」は中島さんがある論考で、サポーティブ・ハウジングのような住宅と施設の中間的存在の重要性を示唆したことを受けて、中間（medium）を媒体や媒介の概念にまで広げ、居住を通じてあるいは居住が安定するからこそ、さまざまな社会的資源が媒介されつながる場であり、関係性の形態であると考えるようになった。

最初の中間居住施設はNPO法人自立支援センターふるさとの会が生み出したいくつかで、施設の一つ一つに支援を内在させつつ、それを地域的に展開することで多くの拠点を生み出す。土地活用のような事業を通じて日本版CDC（Community Development Corporation）も視野に入れつつ、都内の広範囲に展開している。

次に実現したNPO法人訪問看護ステーション・コスモスの中間居住は、山谷地域の狭い領域に集中的に展開し、支援は居住空間の外に外在させつつ、地域として支援ネットワークを内包した親密圏を形成する（図1）。看護師と医師を主とする支援者が居室だけでなく道すがら居住者と向き合う。専門性（ここでは医療）を媒介としての居住支援は、当事者間の親密度を高めるとともに地域との関係を見出す一つのきっかけになる。毎日欠かさず

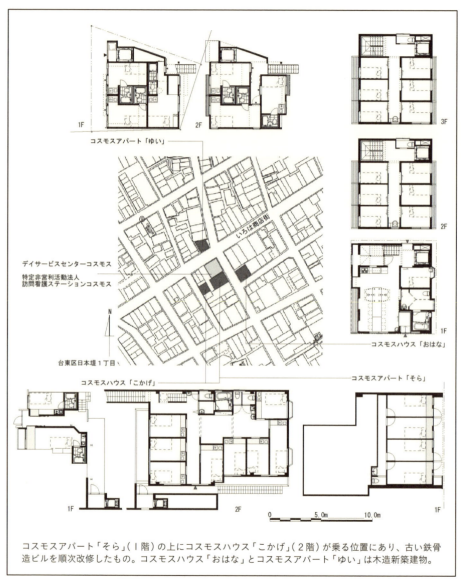

図1．中間居住の住まいと小さな社会的親密圏の領域
（山谷：コスモス・プロジェクト）

生まれる交流が地域の親密圏を育てる。さらに、山谷のまわりで路上やド
ヤに生活する支援の受け手を引き込む拠点性を生み出す。そして、地域社
会、山谷ではいろは商店街との協働関係、周辺ドヤ主たちとの協力関係を
引き付ける。地域のあり方とその再生を構想するうえでは、居住支援によ
る親密圏の形成は一つの有効なきっかけをつくる。

　地域へのアプローチ仕法はそれぞれに異なるが、中間居住が地域に働き
かけるきっかけの一つになっている。

４．広義の居住貧困

　居住貧困は路上だけに現れるわけではない。ネットカフェ難民など住む
場のない人、当面の住む場所はあってもいつ失うかわからない生活保護受
給者や追い出しを受ける高齢者、さまざまな障がいや課題を抱えながら孤
立する家族や母子世帯、病院や施設に入っている人、シェルターに逃げ込
んだ人など、居住貧困の様相はさまざまな階層、履歴、課題にまたがり、経
済的貧困にとどまらない。障害児を抱える母親からの聞き取りでは、経済
的困窮にさらされて住まいを改善できないまま子どもが学校を卒業すると、
地域にかかわるすべがなくなり孤立する。「自分がいなくなったらこの子は
生きていけない」といった状況を抱えている。

　一方、居住に適さない環境で取り残された住宅はもちろん、古い空き家の
ように社会資源から落ちこぼれたところや孤立した地域、分断された近隣な
どにも居住貧困が内在する現実を見て取れるかもしれない。もちろん、外か
ら見ただけではわからないＤＶや孤住が内に潜んでいる場合もある。地域社
会、学校社会からの排除と孤立は居住貧困を助長し、広義に見れば居住貧困
は地域のどこにでもある。その根本形態は分断と排除かもしれない。分断と
排除はどうすれば解きほぐせるのか。地域はその処方箋を備えているか。

5．措置施設

　公的施策が期限付きの居住を提供する婦人保護施設、児童自立支援施設、児童相談所の一時保護所などの措置施設を知る機会を得た。当事者間の契約ではなく強制もあり得る措置入所を行うそれらは、管理と収容を前提とした監視の視線が存続し、制度は戦前や戦後すぐからの構造を引きずる。近年では家庭的な住まい空間で回復を目指すという方向性を模索しているが、収容型の施設形態は解消しない。施設の枠内で個室化を進める一方、新規の一時保護所では大規模化が進行する。

　監視の視線は分断を強化する。入所者にとっては社会からの分断であり、地域から分断の視線にさらされる場合も多い。多くの施設では懸命の努力でそうした分断を解消し、社会や地域につなげようと取り組んでいる。しかし、制度は監視装置であることから脱け出せない。婦人保護施設や児童自立支援施設、一時保護所でさえも、入所者にとっては長く忘れることのできない住まいの一つとなるはずだが、それを許容する居住空間としての質を探ることは少なく、収容空間に留まる。地域にとっての社会資源として意識されることはなく、地域にどう開くかは運営主体による。地域生活への移行はさまざまな困難にさらされる。

　施設が分断と排除の装置ではなく、つながりと包摂のきっかけになることは可能だろうか。

　婦人保護施設Ⅰ寮では、個室化や共用空間の多様化、浴室の共浴と個浴の混合に向けた改修など、施設空間からより居住空間に近い中間居住のかたちを、現実の限界にいつも苦慮しつつ、一緒に模索してきた。地域に対しても開かれた喫茶室やイベント、地域活動への参加、不審な視線を遮る塀と塀際の夜間の灯りづくりなどを通して、地域の社会資源、社会関係資源になれるように取り組んでいる。NIMBY（not in my back yard）視は残

るが多くの協力者も得て、ＤＶ加害者の追求からは地域が率先して守ってくれる。どの施設であれ、長い時間をかけての漸進的な小さいアプローチこそがつながりと包摂への大事な資源となる。

６．地域生活移行支援

　路上生活から脱け出して地域への回路をつなぐ公的施策として、「自立支援センター事業」や「地域生活移行支援事業」が行われている。中島さんとともにそうした事業の評価調査のいくつかにかかわることができた。そこでの就労支援、居住支援は、多くの生活支援、医療支援などを重ねつつ、自立という形式へ一定の役割を果たしている。地域生活移行支援事業では居住保障を基点に多様な支援を重ねることで83％という高い居住継続率を上げることができた。

　しかし、民間の中間居住施設のように継続を担保することはできておらず、その後が見えない。居住のための社会資源を地域に期待しつつ、地域と居住をつなぐ媒介としての支援は自己責任の範囲でしか届いてこない。自分で民間賃貸住宅やアパートを契約する。生活保護も住民票がなければ受けられない。公的施策であっても人的、物的な社会資源は地域に依存する。では、それら人的・物的社会資源は地域に充足しているか。あるいは、社会資源を使って地域再生をなし遂げるきっかけに居住支援はなり得るのか。

７．「空き」の活用

　膨大に生まれ続ける空き家・空き室を居住支援の場、居住保障の社会資源にしようとする議論が出てきた。シェア居住やまちカフェなどの隆盛も

あって空き家対策は地域再生のキーポイントに成長し、多くの取り組みが成果を見せている。これまでの中間居住の創出も空き家を改修・改装してのものが多い。居住保障が地域再生につながる。でも、そんなに単純な話なのか。

山谷から隅田川を隔てた墨田区で、NPO法人向島学会として鳩の街商店街の空き店舗対策に関わっている。「空き」が地域衰退に直結する場面であり、地域の新しい主体、店舗を担う人を呼び込むことから始める。活動的なチームできたことで毎年のように事業が継続し、再生された店舗が生み出されてくるが、ここでの課題は「空き」の状況がそのままでは社会資源としての質を持ち得ないという現実に集約される。それを社会資源化するプロセスには長い時間がかかる。空き家の再生は確かに地域に多彩なインパクトを与え、地域の自信を高めるとともに新たな主体と新たな視点を呼び込む。しかし、その社会資源化は資金的補助などがないと動かないのも事実だ。長い継続と小さな資源の形成という、これまでの資本主義論理とは位相の異なるもう一つの論理と方法論が必要なのかもしれない。

地域の商店街は地域を構成し持続させるための多様性の一角であり、空き店舗の増加や住宅への転換は地域の多様性を解体する。その臨界点を越えないようにするには一過性の開発ではなく、小さくても漸進的な地域多様性の回復プロセスを継続していくことだろう。そして、この漸進的なプロセスで多様性を保持していくという方法論は、中間居住を用意しながら地域に居住支援を根付かせるという居住保障の活動と同じ位相にある。

8. 地域への依存

「空き」を活用しながら居住支援を地域の再生に直結させるものとしては米国CDCや英国DIDのような開発型の事業がある。けれど、日本で実践

してきた居住支援は開発型資本市場に乗るものではない。逆に、多くの居住支援政策論では「地域」の潜在可能性、既存のコミュニティの力に期待する。しかし、地域の疲弊が顕著になっている。空き家の増大はその一つの症状だが、市場主義やマネタリズム、その鬼っ子でもある貧困ビジネスの出現などは地域を内向きにさせる。それ以前にあらゆる福祉的あるいは社会的な要素を排除することも目立ってきた。社会をモナド化する個人主義、自己責任論などが、居住貧困からの回復プロセスの一角を地域で担うという視線を遮蔽し、排除の論理にくみしつつ「個」を分断する。

9．相互依存、多様性、漸進的に

分断と排除の視線は多様性を取り去る。多様な生活のあり方を許容できない収容と制度の視線、中間居住のような住むかたちの多様性を認めない視線、多様性を不安視する社会の視線は、住居にも地域にも表れる。多様性を受け入れること、多様性を相互依存の関係と漸進的なプロセスで創り出していくことは、社会の課題であると同時にどのような建築、住居を作り出していくかという技術の問題であり、その意味を明確にしながら社会に位置付けていく科学の課題でもある。居住貧困に抗する多様性の確立は、住居と地域に通底する課題として位置付けられる。

> 居住・生活支援による
> 住まい・まちづくり
>
> ― 高齢者・生活困窮者の住宅確保と
> 　地域包括ケア連携への取り組み ―

すまい・まちづくり支援機構代表理事
水田 恵

1．ふるさとの会の取り組み

　東京・山谷地域を拠点に活動する「NPO法人自立支援センターふるさとの会（以下、ふるさとの会）は、主として単身の生活困窮者を対象に、都内5つの区で1,183名の利用者を支援している（数字は2016年4月現在）。図1で示す通り、利用者のうち、65歳以上の高齢者は過半数にのぼる。要介護認定を受けている人、認知症の人、障がいのある利用者も多い。

　利用者の居所に着目すると、ふるさとの会を利用する前は、病院、保護施設、刑事施設などにいて帰住先がなかったり、住まいがなく路上やネットカフェで生活していたり、DVや虐待から避難する必要があったなど、広

3 居住貧困をなくすために

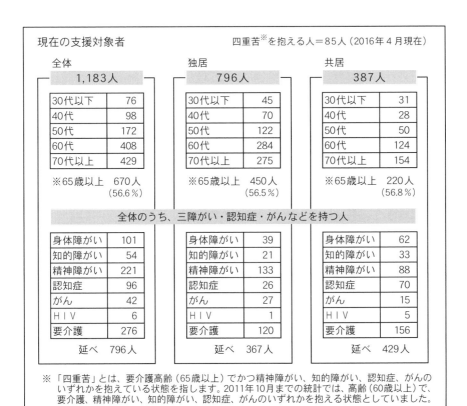

図1. ふるさとの会の支援対象者像

い意味での「ホームレス」に該当する人たちが多い。しかしながら、最近顕著になっているのは、自宅（持ち家ではなく借家）にいる人たちが抱える問題である。その中には、ふるさとの会の支援を受けて今のアパートに入居した人もいれば、自宅での生活支援が必要だという理由で新規に相談を受けたケースもある。

表1は、現在アパートでのひとり暮らしが難しくなってきている利用者を、任意で抽出したものである。この人たちが、5年後、10年後も、今の

119

表１. 独居利用者の生活困難

年齢	生活状況
60代後半	腰痛あり。天候次第では動くのもつらい。
80代後半	下肢欠損あり。介護保険サービス利用。アパートが老朽化し、生活しづらくなっている。
70代前半	認知症。介護保険サービス利用。ADLの低下、服薬忘れなどが目立ってきている。
70代前半	認知症疑い。時々、物忘れがみられる。アパートの階段が急なので、将来的に１階物件に転居が必要。
60代後半	飲酒・隣人トラブル歴あり。家主から退去を求められている。
70代後半	がん療養中。要介護１。飲酒トラブルの経歴あり。ふらつきがあり、体調に不安を抱えている。
60代後半	下肢障害。介護保険サービス利用。２階居室で階段が急なため、１階の物件を探している。
60代後半	元路上生活者。アパート転宅時は介護サービス利用していたが、現在は回復し、福祉用具の利用のみ。将来的には独居が困難になると思われる。
70代前半	終の棲家がほしい、最期にひとりでは不安という気持ちを持っている。
60代後半	体調に不安を抱えるが、通院（受診）を拒否している。今後、介護ニーズの発生が予測される。
70代前半	ゴミ屋敷状態。独居生活に困難がある。

アパートでひとり暮らしをしている姿は想像しにくい。近年、安価に入居できる介護施設や高齢者用住宅を求めて、都市の高齢者が地方で介護を受ける「介護移住」が増えていると言われるが、その本質は必ずしも介護の問題とは限らない。むしろ、このような状態が進行したときに、制度のサービスを利用しながら地域での生活を可能にするための、住まいと生活支援がないということにあるのではないだろうか。

　ふるさとの会の活動は、「認知症になっても、がんになっても、障害があっても、家族やお金がなくても、地域で孤立せず最期まで暮らせる」ことを目標にしている。そのために、①安定した住まいを確保するための《居住支援》、②地域で安心して暮らし続けるための《生活支援》、③地域の中で仲

間をつくり役割を得るための《互助づくり》、④人生の最期まで孤立せずに生きることを支える《在宅看取り》の4つの取り組みを柱にしている。「地域包括ケアシステムの捉え方」（図2）によれば、居住・生活支援は、地域の中に「植木鉢」と「土」をつくる事業である。

図2．地域包括ケアの概念図
（2012年度地域包括ケア研究会報告より）

2．空き家を利活用した居住支援

1）空き家の状況

　地域で「植木鉢」になり得る資源として、空き家の活用が考えられる。総務省の2013（平成25）年住宅・土地統計調査によると、空き家数は820万戸と過去最高となり、全国の住宅の13.5％を占めている。東京都内においても、約82万戸の空き家があるが、居室内での事故などへの家主の不安から、高齢者の民間賃貸住宅への円滑な入居は困難となっている。

2）社会的不動産事業による空き家の活用

　これは裏を返すと、家主の不安に寄り添い、満室経営、家賃保証、事故対応、トラブル対応などを行えば、高齢者や障害者など住宅要配慮者が暮らせる住まいは供給され得るということである。

　その実例として、ここでは株式会社ふるさと（東京都台東区）による「社

会的不動産事業」を紹介したい。同社はふるさとの会のグループとして家賃
債務保証などを行ってきたが、2015年3月から不動産事業を開始し、家主
から所有物件の活用について相談を受けてきた。なかには、空き家ではな
いものの、戸建てに所有者1人で住んでおり、固定資産税などが負担で賃
貸に出したいという相談もあるという。

　そこで、家主にその気があれば、住宅を高齢者や障害者向けに改修する
ことを提案し、サブリースを希望すれば、同社が借り上げ、空室保証を行う。
空室リスクを請け負うことになるが、満室で経営できれば利益は得られる。
収益の一部をふるさとの会に委託し、生活支援を行うことにより、入居者
や地域のトラブルは抱え込まずにすむ。

　具体的には、2015年7月より、東京都墨田区京島と八広にある2軒の戸
建て住宅をグループリビングに改装し、6名が入居した。さらに、京島の
商店街に「えんがわサロン京島」というサロンを開設し、日常生活の困りご
との相談を受け付けることにした(相談業務はふるさとの会に委託)。気軽
に立ち寄れる憩いの場でもあり、入居者は定期的に食事会や商店街のイベ
ントに参加している。サロンの運営費は、家主から受け取る管理料で賄う。
戸建て2棟の管理料では賄えないので、採算が取れるよう管理物件を増や
し、30名で1つのユニットを形成することを目指している。同社はこれを
「寄りそい地域事業」と呼んでいる。

　その他にも、同区内には戸建ての空き家を「支援付きアパート」(後述)に
転換した事例が2軒あり、いずれも満室が続いている。

3)ふるさとの会の居住資源
　同社は従来から、施設や病院などから在宅生活に移行する際、保証会社
の審査に通らなかったケースの保証人を引き受けてきた。生活支援は利用
者がふるさとの会と契約を結び、月額1,000円の会費を払う。ふるさとの会
は地域生活支援センターを拠点に、居場所づくり(共同リビング)、仲間づ

くり（イベント、クラブ活動、共済会）、訪問による安否確認、相談支援（住宅相談、健康相談、就労相談など）、介護や医療など福祉サービスのコーディネートの支援を行ってきた。しかし、当然のことながら、月額1,000円の会費では生活支援の人件費を賄えない。さらに、利用者の高齢化に伴い事故率が増加すると、保証事業は困難に陥る。

　一方で、家主もまた高齢化し、アパート経営に困難を抱えている。都内には、自宅敷地内にアパートを建てるなど、零細的な立場の家主も多い。そこで、家主から相談を受け、家主のニーズに対応して、アパートの管理委託を受けるケースが生まれた。住宅の借上げ管理運営を受託し、入居制限の原因となるような入居者のトラブル（騒音クレーム、死亡事故、賃料滞納、ゴミ処分など）に所有者から対価を得て対応する。こうして図3の実績の通り、保証実績を土台に、不動産事業者として賃貸管理・サブリース事業を展開するようになった。

　寄りそい地域事業はこの延長で生まれた。これを軸に、自立援助ホーム

株式会社ふるさと

◆賃貸借保証事業

事業内容：賃貸借保証契約に基づき貸主に対して、賃料と原状回復費用の保証を行う。また、NPOふるさとの会地域生活支援センターと連携し、借主が居宅生活を継続できるようにトラブルなどを予防、早期発見、対応を行い貸主の安定した賃貸経営のサポートを事業として行う。

不動産店取引実績　：	都内15区　計89店
累計保証契約　：	1,824件（2015年7月末現在）
現　契　約　者　：	5,099名（2015年7月末現在）

◆不動産賃貸管理・サブリース事業

管　理　委　託　：	1棟5戸（2015年7月末現在）
サ　ブ　リ　ー　ス　：	7棟28戸（2015年7月末現在）

図3．株式会社ふるさとの保証・賃貸管理実績

（共同居住）と支援付きアパートを配置し、独居支援（家賃債務保証と独居支援）とともに地域包括ケアシステムの「植木鉢」（居住・生活支援事業）をつくっている。それぞれの事業のスキームを整理すると、以下のようになる。

（ａ）寄りそい地域事業（戸建て・長屋化・サロンづくり）

　株式会社ふるさとが、一定の地域の中で、複数の戸建て住宅を確保し、「互助ハウス」としてサブリース方式で利用者に提供する。利用者の居場所となるサロンを設置し、併せて生活支援を提供する。株式会社ふるさとから委託を受けたふるさとの会の生活支援職員が定期巡回を行い、30名程度を一つのユニットとして、24時間体制で入居者の生活を支援する。

（ｂ）自立援助ホーム（共同居住）

　ふるさとの会が設置運営する自立援助ホームに、利用者が入所する。生活支援を実施する生活支援職員が常駐し、24時間体制で入居者の生活を支援する。

（ｃ）支援付きアパート

　賃貸住宅の家主から、株式会社ふるさとがサブリースし、利用者に賃貸借契約で貸し出す。利用者の居場所となるサロンを拠点に、株式会社ふるさとから委託を受けたふるさとの会が生活支援を提供する。居場所提供のほか、月１回の訪問による安否確認、相談支援などを実施する。株式会社ふるさとが貸主（大家）であるため、高齢者などの入居支援と入居後のトラブル対応が円滑に行われる。

４）サロンの機能

　居住資源はサロンを介して地域とつながる。サロンを通じて住まいを見ると、人は「家に住む」のではなく、「街に住む」のだと発想が転換する。「地域が近い」と言ってもいいだろう。サロンにはふるさとの会でケアしている高齢者だけでなく、地域の子どもが集まり、さらに近所の主婦が立ち寄り、

3　居住貧困をなくすために

地域が身近に経験される。地域の多様な人々の互助やネットワークが醸成されていく。

　障がいが重くなったり、高齢化が進んで要介護や認知症になったときには、ふるさとの会の自立援助ホームに移るといった選択肢もある。地域の全体的な支え合いの中で、認知症になっても、馴染みの地域で、最期まで暮らせるようになる。

3．生活支援の援助論

1）居住継続のための生活支援の必要性

　図4は、ふるさとの会および株式会社ふるさとの居住資源を、地図に表示したものである。居住資源のエリアマネジメントによって、利用者は心身の状態に応じてこれらの社会資源を利用し、住み慣れた地域での生活が可能になる。ただし、留意しなければならないのは、空き家を資源として考えるには、生活支援が欠かせないということである。

　生活困窮の状態にある人たちが抱えている問題は、単に経済的に困窮し、仕事が見つからないということではなく、何らかの人間関係の困難を抱えている。このような生きづらさを抱える人の地域生活を支えていくためには、さまざまな形で現れる孤立やトラブルをどのように解決していくのかが重要になる。

2）寄りそい支援 ―機能障害を生活障害にしない生活支援

　慣れ親しんだ人たちと、慣れ親しんだ場所で、慣れ親しんだ時間を過ごすことが、不安・混乱を減らし、認知症の進行を緩和する可能性があると言われる。

　生活支援は「基本的信頼関係」を構築することが基礎となる。「問題行動」

125

があっても、それは本人の困りごとの表現であるから、まずは相手の気持ちを受け止める。職員は利用者をよく知り、生育歴や家族関係、近隣関係、医療・看護・介護などの関係を把握し、相手から信頼されるキーパーソンになるよう努める。また、一般に家族が行っているような生活介助も行う。そして、安心生活の場の確保のために、利用者同士の相互理解と共感をつくっていく。職員個人で支えるのではなく、同じ生活空間を共有している人たちがお互いに支え合う関係になることを目指す。

生活の中でトラブルが起きたときはミーティングを呼びかけ、「なぜなんだろう」「どうしたらいいか」をみなで考え、一人ひとりの課題をみなの課題にしていく。参加者は、問題を起こさざるを得ない人のために自分がで

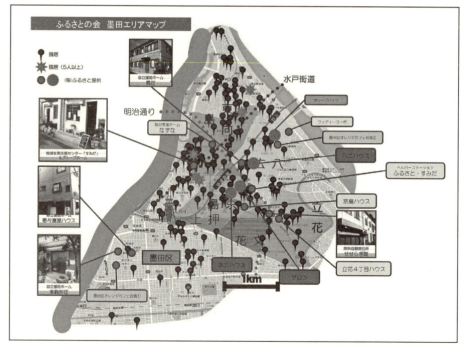

図4．ふるさとの会　墨田エリアマップ

きることを考え、自分も「支えられている」という安心と、他の人を「支えている」という誇りが芽生える。お互いに承認し合う関係が生まれることによって、一人ひとりが生活の主体となり、地域や施設では「トラブルメーカー」だった人が、精神的に安定し、意欲的になっていくことが多い。空き家を活用するには、このような互助的支援が必要である。

4．地域の互助

　生活支援を通じて培ったノウハウは、地域の支え合いを促進することにも活用している。前述のサロンやふるさとの会が運営するカフェには、居場所、相談窓口、社会資源の交流という機能があり、町会や老人会の人、民生委員、ふるさとの会の利用者などが立ち寄る場所となっている。医療・介護など社会サービス、行政や警察とも連携し、必要な場合は制度のサービスにつなげ、カンファレンスを呼びかけることもある。
　利用者は、利用者同士の生活の互助にとどまらず、地域の行事に参加し、地域清掃やお祭り、火の用心など、地域の中で役割を持ちながら暮らしている。
　地域の全体的な支援の中で、地域で孤立せず最期まで暮らせるようになる。寄りそい地域事業は、地域に支えられながら地域を支え、地域の課題解決に貢献する事業である。

5．寄りそい地域事業とまちづくり

１）寄りそい地域事業の射程
　これまで書いてきた居住支援、生活支援、互助づくりなどの取り組みは、

制度化されていないインフォーマルな領域である。今後単身世帯の割合が増え、低所得の高齢者などが増えてくれば、インフォーマルケアの役割はますます重要になるだろう。これを仕組みにすれば、家賃を支払う入居者の権利擁護にもつながるし、要介護者や認知症の人、障がいのある人やその家族など、現状では入院医療や施設での生活に頼らざるを得ない人にとっても、在宅生活を選択する可能性が広がる。広く福祉的な支援やケアを必要とする人の在宅生活を持続可能にし、家族介護の負担を軽減することも期待できる。

　団塊世代が後期高齢者になる2025年に向けて、各地で共生社会の実現が目指されている。共生社会とは、失業した若者にも、末期の時を迎えようとしている人にも、みなに「役割」がある地域の姿ではないだろうか。人が地域に住み続けることが、社会保障を下支えする。そして家族を支える社会の絆をつくる。寄りそい地域事業はそのための社会資源となり得る。本稿で紹介したのは、「家主も担う地域包括ケアシステム」ということができるが、これは貧困・格差への対応は言うまでもなく、年金、医療、介護、子育ての諸問題も射程に入れた実践である。

3 居住貧困をなくすために

住まい・まちづくり
と
デモクラシー

― 東松島の被災地復興から ―

象地域設計 相談役
三浦 史郎

　東日本大震災の被災地で、新しいまちづくりを支援した経験の中で、デモクラシーを体感した場面があった。現代日本において、住民のデモクラシーは「育まれる」ものと考察する。

　未だ帰還すら叶わぬ福島原発事故被災区域とは異なるが、隣接県の「国内避難民」の新しいまちづくりの話である。ここでは永く暮らしてきた地域が災害危険区域に指定され、住み続けられなくなり、その地を出て他の地での新しい暮らしを強いられた人々が、主体的に取り組んだ。筆者はNPO都市住宅とまちづくり研究会（としまち研）の一員として、市から委託を受け、集団移転地での新しいまちづくりを支援することになった。少し長くなるが足跡を紹介する。

1．東日本大震災からの新しいまちづくり

　2011年３月の東日本大震災。宮城県東松島市は震度６強の地震と最高10.35ｍの津波を記録した。津波浸水域は住宅市街地の65％で被災自治体中もっとも広く、全戸数の約73％に当たる約１万１千棟が全半壊、死者・行方不明者は1,134人。もっとも被害の大きかった大曲浜では、500戸超の全世帯が被災し、約300人の犠牲者を出した。被災し避難できた人のうち１万５千人は半年後に避難所から仮設住宅へ移った。他に修繕して使用したり親類に身を寄せたりした方も相当数いた。

　東松島市とは観光地松島の東に位置し、合併後６年目の新しい市で、人口は約４万３千人。水産加工が主産業、市の中央部に航空自衛隊の基地がある。

　市は７か所の集団移転地どこでも希望を受ける方針。市街地近接で買い物や医療施設も近く、駅にも隣接する東矢本駅北地区へ各被災地域から希望が集まった。この地区は、海岸から直線約３km内陸で市が取得した田圃21.9haを埋め立て移転先とする新しいまちづくり計画で、災害公営住宅307世帯（戸建て160戸・二連70戸・中層集住77戸）と防災集団移転273区画の計580世帯が移り住む。災害公営住宅には移転促進区域外からの希望者も受け入れた。

　2012年９月、仮設住宅団地の集会所に被災者が集まり、「新しい暮らしと向き合う」「新しいまちに望むこと」をテーマにワークショップ懇談会が開かれた。「これまでの会合では説明と質疑・回答という形態だったが、少人数での話し合いはとてもよい」「大勢のところと違って、気軽に話ができる」「一日も早く恒久住宅に住みたい」「せっかく津波から生かされたのだから、豊かな人生を過ごせるまちに住みたい」「亡くなった者の分まで幸せにならなくちゃいけない」など、被災者はこもごも語った。ここが支援の原点となった。

3 居住貧困をなくすために

　被災前の地区ごとに選ばれた世話人が集い、規約や活動方針などを検討したうえで、11月に移転希望全世帯で作る「まちづくり整備協議会」が設立された。山積する課題に取り組むため、選ばれた役員会のもとに部会や委員会を設け、すべてのことを検討・決定していくことになった。役員は後に追加され、構成世帯の1割に当たる計53名になった。

１）自分たちのまちの骨格づくりに意見百出
　宅地造成など基盤整備事業はUR都市機構が市の代行をすることに決まっており、計画に対する検討は3か月しか時間がない。行政も被災住民も、早く進めることが一致した要請だった。
　すでに事業認可を受けていた土地利用計画案に対して、協議会は設立直後から「暮らしやすいまち」をテーマにした連続ワークショップを開き、実現可能性を問わず多くの希望・意見を聞いた（写真1）。「時間」と「予算」は高くて厚い壁だったが、防災と地域コミュニティ再生の観点から、地区内に避難道路を追加し、宅地割りの一部変更や、区画街路網と南北に長い街区中にフットパスを入れるなどの改善、公園・集会所の位置も検討のうえ修正し、市の関係各課と調整しながら宅地・公共施設計画検討部会で取りまとめた。2月の総会で決定した協議会案を市へ送り、計画案は修正できた。部会は土地利用決定後も具体的な検討を続け、4つの公園・3つの集会所

写真1．まちづくりワークショップ風景

のいずれも気楽に立ち寄れるよう立案した。

２）個別に再建する世帯すべての希望を聴きながら区画を決めた

　集団移転宅地は52年定期借地（当初30年地代免除）で、１区画の面積は平均約95坪の計画。誰がどこに入るかはもっとも関心が高く、宅地区画決定には区画決定ルール検討部会を中心に、画地評価を行い、街区内で面積調整を行ったうえで、近隣コミュニティの単位を20区画前後のブロックとしてブロック希望登録をしてもらい、結果を公表し、希望世帯数が区画数をオーバーしたブロックでは調整会を行う方式を取った。このとき、ブロック希望をグループでも出せることにして、コミュニティ構築に配慮して区画決めの前提条件を作った。そして、確定したブロックごとに全世帯が一堂に会して顔を合わせ話し合いをしたうえで区画を決定した。世帯の意向を尊重し人とのつながりを大事にするために最初から抽選とはせず、話し合いを前提とした区画決定ルールを自ら決めて進めた方策は、全住民の納得を得られたことにつながった。

３）住みよい街並みにするためのルールづくり

　土地利用計画を決めた直後から、美しい街並みの暮らしやすいまちづくりを目標に街並み検討部会が動き出した。バス２台を仕立てて県内の住宅団地を視察し、経年で変化した景観・維持管理方策などを聞いてまわった。同時に街並みルールに関するアンケートも行い、みんなで守る「街並みルール（案）」を作成した。特徴的なのは、見通しのよい街並みを創るため街路沿いに「セミパブリックゾーン」（公私の中間領域）を設定するなどオープン外構にして、子どもの飛び出しや高齢者の見守りを意識したこと。周知・検討のためのワークショップを何度も行い、修正案を練り上げて総会で決めた。この間、ニュータウンの前首長や専門家を招き勉強会を開いた。

　自ら作ったルールは地区計画決定され、条例化で担保性を強化して、

建設時点でのルール遵守を狙った工務店・ハウスメーカーへの説明会とも
行った。

4）災害公営住宅の住戸位置も希望を聴いて決めた

　市は被災後いち早く1,010戸の災害公営住宅計画を公表し、移転促進区
域外からも受け入れる方針を打ち出して、被災者の先行き不安の解消につ
なげた。この地区ではURが建設する住宅を買い取る方式だが、住戸プラ
ンや配置計画の提示を受けた協議会は災害公営住宅部会で検討した。戸建
て住宅では、寝室・仏壇置き場を1階に移すことや2階ベランダ増設など
の要望を実現させ、2階建てを平屋に変更する要請は後工区の平屋割合を
93％へと大幅増につなげた。また、中層集合住宅でも間取り改善とコミュ
ニティ推進のための共用部分一部見直しなど成果を上げた。

　コミュニティ形成に繋がる入居住戸位置は、協議会で決定した住戸位置
決めルールに基づき、説明会 ⇒ 住戸希望登録 ⇒ 結果公表 ⇒ 変更・追加登
録 ⇒ 結果公表 ⇒ 住戸位置調整会と進め、住戸の位置を決めた。世帯の政
令月収によって家賃が異なること、工区によって入居時期が最大2年も違
うことは迷いの種だったが、全世帯の希望を聞き、顔を合わせる機会を設
けながら進めたことが307世帯全員の納得が得られた要因だった。その後、
後年払い下げになることを見越して、災害公営住宅ゾーンの街並みルール
も決めた。

5）コミュニティが途切れないように続けた交流会や広報活動

　恒久住宅への入居まで最速でも3年半、もっとも遅い世帯ではさらに2
年以上かかるとあって、入居まで、そしてその後のコミュニティ推進につ
なげるように、研修・イベント部会を中心に繰り返し交流会が開かれた。協
議会全員の交流会、復興支援音楽祭、「入居を祝う交流会」には青森から「ね
ぶた」が応援に来るなど、懐かしい顔・これから隣り合わせになる世帯とも

写真２．入居を祝う交流会
（コミュニティが途切れないように続けた交流会、2014年10月）

一緒に楽しむ中で交流が進んだ。ワークショップや井戸端会議など、意識的に顔を合わせ・話し合いの機会を作り、入居を控えた交流会では入居と同時に発会する自治会の具体的な準備も話され、住み始めてからの日々の暮らし方も相談された（写真２）。

また、協議会発足時から年間10回程度発行し全戸に送付し続けた「まちづくり通信」では、総会決定や役員会・部会の動き、各種お知らせのほか、質問に答えるコーナー、住み仲間となるペット紹介など、広報部会が編集・発行する手作り情報紙として貴重な役割を果たした。

こうした活動を旺盛に行ったことで仮設住まいの孤立化を防ぎ、入居までの長い期間も希望を持続し得たし、入居後のコミュニティ推進にも大きな意味を持った。

６）東矢本駅北地区の名称「あおい」もみんなで決めた

新しいまちの名称は市内全域から公募すると300点近く集まった。名称選考委員会（中高生を含む）で検討を重ねて絞り込み、協議会と隣接居住世帯の全員投票を行い、まちの名称は「あおい」と決まった。東松島の海・空・田んぼのイメージと住所表記時に短くてわかりやすい、などが提案理由だった。まちの名称は議会の承認を得て大字名を変更することになった。

3　居住貧困をなくすために

7）「日本一暮らしやすいまち」を目指して

　「安心できて、住んでよかったと思える『日本一のまち』を創ろう」という協議会会長の口ぐせが住民みんなの目標になり、ハードな整備だけでなく暮らしを豊かにするコミュニティの基礎づくりへと協議会の活動はシフトしていった。

　日常生活の利便性と防災対応、高齢者の安心、子どもの安全など入居後のまちの要となる約200戸ごとの単位自治会の検討と、その連合体を自主防災組織とし指定管理者になって公共施設管理を受託するなど、コミュニティビジネス展開も検討することで、市の各課・社協との協議を続けた。コミュニティ推進部会では、地区隣接の既存住宅の併合や、地区内に残る学区の線引きで子どものコミュニティが分断されないような配慮も重要視した。規約などは入居前の総会で承認され、2016年春に連合組織「地区会」が発足し、秋に「まち開き」が行われた。入居後、実際に起こる新たな問題などの提起にも自らの手で検討・修正していく土台ができた。

8）ペットと共生するまちにしよう

　公営住宅ではペット飼育禁止という縛りがあったが、災害で生き残ったペットと一緒に住みたいと言う思いを伝え、協議の末に災害公営住宅での飼育が認められた。ペットの飼い方ルールやマナー、ペットに関する情報交流などをしながら、将来とも「ペットと共生できるまち」を目指そうと、「あおいペットクラブ」が総会で承認されゆるやかに活動を始めた。

2．復興支援活動を振り返ってみる

　筆者は永くコープ方式による住まい・まちづくりを支援しており、入居者が決まっている復興まちづくりにコープ方式は有効と考えた。被災の状況

も・再生の希望も違って当たり前で、悲しみ・悔しさは肩代わりきかない自らの課題だから、納得のうえで前へ進むには主体が欠けては不可能だ。個々の物語を見ないと最後の一人までの復興は成し遂げられないから、話を引き出し、聴くことに重点を置いた。それは協議会全体の主体性を伸ばすうえで重要だったと確信できた。

この事例で協議会が住民から圧倒的な支持を得られたのは、全世帯の1割にあたる役員たちの献身的な努力はもとより、総会を中心に9つの部会・委員会が年100回を超える会合を開き民主的に進めたことが決定的だった。住民の一人から「前の地域ではボス支配が強かったが、としまち研が入ってリードしてくれた民主的な進め方がみんなを変えたし、役所の姿勢も変えた。これから先さまざまなことがあっても自分たちで解決できる希望が見えた」と声をかけられた。

住民デモクラシーが豊かに育った、最高の賛辞と大きな達成感を得た瞬間だった。

最後に、この取り組みを通じて、さらに改善が必要と感じた点を記しておく。

- 劣悪な仮設住宅を早く出たい被災者、年度計画通りに進めたい行政、早く進めることが双方の一致点だったが、「孫子の代にも誇れる新しいまちを作ろう」という住民の熱望と予算策定用に作られた被災直後の計画に齟齬があった。民主的にまちづくりを進めるうえでは、じっくりと住民検討を続けられる環境が必要だった。
- 入居時期がⅠ〜Ⅳ期まで2年近くに渡ったことは、新しいまちが一体のコミュニティーとなる自治組織形成に難しさもあった。基盤整備工程の組み換えが必要だった。
- 国土交通省が出した「東日本大震災の被災地における復興まちづくりの進め方」には、随所に「被災者の意見や希望を踏まえて…」と謳われ、

「まちづくりを成功させる秘訣の一つは、関係者に主体的に計画作成やまちづくりに参加してもらい、自分の問題として関わりを持ってもらうこと」とまで書かれたが、現実に自治体の対応は難しかった。組織の組み替えに時間をかける間も復旧・復興へ事態を留めることはできない、事前の準備が必要だった。

● どこの自治体でもあることだが、年度末には契約担当課から競争入札方式の話が出る。主体的にかかわってきた協議会は「まちづくりは振り出しに戻せない連続性があり、よそでできる保証はない」と市に委託継続を迫る場面もあった。支援専門家の位置を行政の中で認知・理解を進める必要があった。

居住貧困との闘い

― その経験と今日的課題 ―

住まいの貧困に取り組むネットワーク世話人
坂庭 国晴

はじめに ―2009年3月ネットワークの設立

　「派遣切リ」という労働者の派遣契約の打ち切りが理不尽に吹き荒れた
2008年秋、「反貧困世直しイッキ大集会」（10月19日・明治公園）の中で、
「住まいの貧困分科会」が開催された。この分科会参加者を中心に、11月
に「住まいの貧困に取り組む準備会」が発足し、12月には「住宅セーフティ
ネットの確立を求める緊急アピール」が発表され（24団体、個人148名の
賛同）、12月24日には自民党などへのアピール申し入れ行動が行われた。
メディアは「サンタが自民にやってきた。プレゼントは票ではなく、寝袋と
段ボール、安心して暮らせる住宅確保を求める緊急アピールだった」（東京

新聞)など、写真入りで取り上げた。

この年の年末から年始にかけて、最初の「年越し派遣村」が開設され、記憶に残る大きな政治・社会問題となった。こうした背景、経緯の中で、2009年3月14日「住まいの貧困に取り組むネットワーク」(以下、ネットワーク)が設立された。その呼びかけは「なくそうハウジングプア！ 安心できる住まいを！」をタイトルに掲げた以下のものであった。以来、今日まで足掛け8年間、「居住貧困との闘い」の重要な一翼を担ってきた。ここでは、その経験とともに今日的な課題と対応について取り上げていきたい。

◆住まいの貧困に取り組むネットワーク設立の呼びかけ (2009年3月)

　「派遣切り」、「ネットカフェ難民」、「ホームレス」…。いま、暮らしの基盤である仕事と住まいを脅かされる人々が増え続けています。ワーキングプア(働く貧困層)であるがゆえにハウジングプア(住まいの貧困)という問題に直面する。その背景には「官から民へ」の掛け声のもと、労働分野での規制緩和に加え、住宅の分野でも公的な住宅が縮小され、人々の居住権を侵害する悪質な民間業者が野放しにされてきたことがあります。障害や高齢、外国籍であることなどによる入居差別はあとを絶たず、少し家賃を滞納しただけで鍵を交換したり、荷物を撤去したりする「追い出し屋」(スマイルサービスや家賃保証会社など)による被害は拡大し続けています。

　こうした「住まいの貧困」に対して、昨年秋以来、住宅問題や生活困窮者の支援に取り組む諸団体・個人が集まり、準備会を重ねたきました。「派遣切り」の問題に対しても「雇用問題であると同時に住宅問題だ」という声をあげ続けています。そしてこのたび「住まいの貧困に取り組むネットワーク」として正式に発足することになりました。

1.「追い出し屋」被害と家賃債務保証会社の規制策

１）追い出し屋被害と対策

　設立の呼びかけ文にあるように、ネットワークの最初の闘いは「少し家賃を滞納しただけで鍵を交換したり、荷物を撤去したりする『追い出し屋』による被害」に対してであった。ネットワークには被害にあった若者たちが参加し、闘いに立ち上がったことも特徴であり、2009年から2010年にかけての最大の取り組みとなった。「追い出し屋被害」とは、● 家賃を滞納したら鍵を交換された、● 高額な違約金を請求された、● 家財道具を一切撤去された、● 玄関に滞納を示す張り紙をされた、● 家賃請求の電話が鳴りやまない、職場にもかかってくる、などであり、「派遣切り」、貧困者が増え続ける中で、ゼロゼロ物件（敷金・礼金などが不要な賃貸住宅）などを舞台として、全国各地で起こっていた。

　これに対し、追い出し屋被害ホットライン、家賃債務保証会社の業界団体や悪質業者に対する申し入れ・抗議行動、被害実態告発、家賃滞納データベース（ブラックリスト）化に対する闘い、「追い出し屋対策会議」との連携と裁判の取り組みなどが展開された。

２）規制法の国会審議とその後の展開

　こうした闘いも受け、2010年の通常国会に「追い出し屋規制法案」（賃借人の居住の安定を確保するための家賃債務保証業の業務の適正化及び家賃等の取立て行為の規制等に関する法律案）が提出された。法案の正式名称が示すように、家賃債務保証業の適正化・規制、追い出し行為の規制などが盛り込まれ、積極性を持っていた。参議院では全会一致で可決され、成立が目指されたが、衆議院では継続審議となり、2011年の臨時国会で廃案となってしまった。

3 居住貧困をなくすために

　しかし、今なお追い出し被害などは後を絶たず（国交省発表の「家賃債務保証の現状」・2016年10月でも、「家賃債務保証に関して、全国の消費者センターなどに寄せられる相談件数は高止まり」としている）、追い出し屋規制法の制定が必要になっている。

　家賃債務保証会社は2016年9月時点で147社（関東エリア89社、業界団体加盟55社、未加盟92社）あり、貸金会社兼が4割強ある。後述の来年度創設の「新たな住宅セーフティネット制度」では、「家賃債務保証について、一定の能力を備えた適正な業者が提供するものの活用を図る」とし、国費で家賃保証料の補助を行おうとしている。それだけに、家賃債務保証業に対する必要な法規制が強く求められている今日にある。

2．大震災と「人が大切にされる住まいと暮らし」を求めて

　2011年3月の東日本大震災は居住貧困の現状と打開、そしてさまざまな住宅課題を突き付けるものであった。ネットワークは日本住宅会議や国民の住まいを守る全国連絡会（住まい連）とともに、居住支援の対応などに立ち上がった。「住宅・居住支援の緊急要請書」（2011年3月25日）、「大震災から3か月、今こそ住宅・居住支援を」市民集会とデモ（6月11日）、仙台での「住まいるチャンネル ―仮設住宅をみんなが暮らせる町に」（9月30日）、2012年にはパンフレット「東日本大震災 ―住宅復興・まちづくりの提言」（3月11日）の発行と普及、「大震災の住宅復興・居住支援を求める院内集会」（3月28日）などに次々に取り組んだ。こうした闘いは重要な経験として今日まで引き継がれるものとなっている。

１）各分野、各層の居住貧困に対する活動とその発展
　2012年〜2013年は、東日本大震災に対する取り組み（とくに「民間賃貸

141

写真1．ネットワークのデモ行進
（2014年6月）

住宅の借上げ」居住者に対する家賃補助の実施を重視）とともに、各分野、各層の居住貧困に対する活動の交流、前進を目指した。2013年4月のネットワーク4周年の集いは、その結節点となった。「人が大切にされる住まいと暮らしを」をタイトルに掲げたこの集いのシンポジウムは次の内容であった。
（1）高齢者、路上生活者の居住貧困の解決（稲葉剛氏）、（2）障がい者の住まいの問題（森川すいめい氏）、（3）児童養護施設退所者の住生活、社会的養護（早川悟司氏）、（4）女性の居住問題と安心・安全の権利（二場美由紀氏）、（5）外国籍者の居住問題、カラカサンの活動（鈴木 健氏）。

このシンポジウムの議論の中では、「希望のない（見えない）社会」という問題が出され、まとめを行った筆者（坂庭）は、「きわめて困難で問題が山積している現場で、身体を張って仕事を担い、取り組んでいるパネリストの方々の奮闘にこそ希望がある」と述べた。シンポジウムの報告集は同名のパンフとして2013年6月に発行されている。こうした問題意識とスタンスは継続され、2016年のネットワークの連続学習会はそれを実践するものとなっている。

2）2016年ネットワークの連続学習会

第1回「居住支援協議会の可能性を探る！」（2016年2月5日）、第2回「借りる苦労と貸す苦労～アパート入居直接契約」（5月13日）、第3回「住むための仕組みを自分たちで作ろう！ コレクティブハウジング社の試み」（8月5日）、第4回「若者にとって住まいとは何か～学生支援ハウス『よ

うこそ』の試み」(11月4日)。この連続学習会は、まさに現場での実践から多くのことを学び、居住貧困との闘い、活動に生かしていこうとするもので、2017年も継続していくことが予定されている。

3．若者の居住と「脱法ハウス」問題の解決に向けて

Ⅰ）「脱法ハウス」問題

　主に若者居住を対象とした違法・脱法のシェアハウス「脱法ハウス」(国交省は「違法貸しルーム」と呼称)が社会問題化し、メディアで大きく取り上げられたのは、2013年5月頃からである。ネットワークはその3年前からこの問題について、警鐘を鳴らしてきた。若者向けに2010年6月に発行した「みんなのための安心　すまいのハンドブック」でシェアハウス・ゲストハウスの問題点を指摘し、2013年3月のシンポジウム「定期借家制度と賃貸住宅を考える」では、「この新たな問題にメスを入れ、必要な対応策、規制や改善策などについての検討が必要になっている」(坂庭)と提起した。

　その後の闘いの展開を以下箇条書きする。①「ゲストハウス、シェアハウス」などへの対応と規制策について(国交大臣要請書・4月25日)、②一部のシェアハウスに見られる不安全な「脱法ハウス」の緊急対応策に関する申し入れ(6月4日国交大臣あて、その後3次に渡り申し入れ)、③「脱法ハウス」問題、緊急取り上げ！院内集会(6月12日)、⑤「脱法ハウス」への仮処分申請と被害110番、電話相談、面接相談の実施(6月〜7月)、⑥「脱法ハウス」現地調査・入居者調査(7月〜8月、実態調査は14年にかけ第6次まで実施・発表)、⑦徹底解明「脱法ハウス」─問題の分析と解決に向けて(8月22日集会)…などであり、総括的に⑧「脱法ハウス」の現状と対策─シェアハウスの登場を視野に入れて(2014年3月28日・東京弁護士会

143

主催）のシンポジウムが開催された。

　一連の問題に対し、国交省は対応を行ってきたが、次の本質的問題がある。「脱法ハウス問題はハードの問題に核心があるのではなく、住まわざるを得ない居住の問題（居住政策、賃貸住宅政策含む）に核心があり、国交省の対策の限界もそこにある。この本質的な問題は、わが国の住宅政策の根本的な欠陥に結びついている。それゆえ、きわめて重要なたたかいと取り組みになる」（機関誌『建築とまちづくり』新建築家技術者集団、2014年4月号の拙稿「ドキュメント・脱法ハウス問題」から）。

2）「シェアハウスの居住水準に関する検討会」（2016年11月～12月）など
　国交省は2016年11月「既存ストックの活用による共同居住型住宅の居住水準に関する検討会」を設置し、検討を行っている。これは次項にもある「新たなセーフティネット住宅への既存ストックの活用を図るため」のもので（「共同居住型住宅」＝シェアハウス）、主に若者対象のセーフティネット住宅として「シェアハウス」を活用しようというものである。検討会に提出された国交省の資料（シェアハウスに関する市場動向調査結果）に掲載の「入居者の状況」を別表に示す。30歳未満の若年層が65％を占める居住実態にある。なお、「居住水準案」も公表されている。居住水準などの検討は必要であるが、前記のように居住問題に核心（シェアハウスの管理・運営も

表1．シェアハウスの入居者の状況（2015年8月調査）

年　齢	25歳未満	25歳～ 30歳未満	30歳～ 35歳未満	35歳以上	無回答
割　合	16.9％	47.9％	26.8％	5.6％	2.8％

注1）全国のシェアハウス運営事業者（対象520業者）にアンケート調査（2015年8月～9月）、回収率は13.7％（71事業者）
注2）物件の建物形態は、①元戸建て住宅をリノベーション38.0％、②元戸建て住宅をそのまま活用5.6％、③元共同住宅または元寄宿舎のリノベーション22.5％、④同左をそのまま活用11.3％、などである。

含めて）があり、若者の居住政策をどう抜本的に改善し、確立していくかが
問われている。

4. 「新たな住宅セーフティネット」（2017年度創設）と
居住貧困の打開

　2016年3月に閣議決定された「住生活基本計画」は、「住宅の確保に特に
配慮を要する者の居住の安定の確保」を目標に掲げ、「住宅確保要配慮者の
増加に対応するため、空き家の活用を促進するとともに、民間賃貸住宅を
活用した新たな仕組みの構築も含めた、住宅セーフティネット機能を強化」
する施策を示した。その具体化のため、検討小委員会が設置され、7月に
「中間とりまとめ」が発表された。そこでは、「新たな住宅セーフティネッ
ト制度は、公営住宅を補完するものとして、公営住宅の入居対象者も含め、
多様な住宅確保要配慮者を対象とすることが考えられる」としている。

　この「基本的な方向性」が名実ともに実現されれば、確かに新たな制度
構築となり、居住貧困の打開策の一つになり得る。しかし、① 対象者は高
齢者、子育て世帯に重点、② 家賃補助は入居者でなく家主に支給、③ 住宅
の提供は家主側に依拠、④ 管理は営利を追求する住宅管理会社、家賃保証
は「追い出し行為」も行う債務保証会社が担う、⑤ 財源は限定され、家賃対
策補助は初年度3億円（家賃保証料補助含む）で1千数百戸程度に留まる、
などの多くの問題点がある。

　住宅確保要配慮者の増加に対応」せざるを得ない現実は、今日の住まい
の貧困の増加、拡大の反映である。ネットワークは、「住生活基本計画」の
パブリックコメントの段階から意見を提出し、国交省、小委員会に対する
要請書提出、各政党への「若者の住宅セーフティネット施策」アンケート実
施、また若者主体の住宅デモ（6月12日）などを行い、10月には院内集会

写真2．2016年10月開催の院内集会

（写真）を開催した。

　居住貧困の当面の打開のために、上記新たな制度の問題点の克服とセーフティネット住宅の現実化に取り組み、住宅政策の公的責任の追求、居住の権利の確立に向け、闘いを大きく広げていきたい。

4章

専門職はどうかかわるか

山本厚生
松川淳子
鈴木和幸
蛭間基夫
安達智則

HOUSERs

自由を育む家族
と
住まいづくり

設計協同フォーラム代表、一級建築士
山本 厚生

1．人類は支配のない社会へ向かう

　私はおよそ半世紀もの間、戸建ての木造住宅の改築や新築に携わって、400近い数の家族の方々に出会いました。そこで早々に気づいたのは、教わってきた建築学やデザイン力では間に合わないことです。さまざまな家族の課題に出合い、その要求に応えるのがいかに困難かを知り、「家族と住まい」のテーマで勉強会を重ね、世の中を広く見るように努めてきました。そして、つくづく実感したのは、世の中の歪みによって生じるさまざまな現象が「住まい」と「まち」に溢れていて、心ある人びとはそれを変えよう

としていることです。

1）支配社会が人類と地球を滅ぼす

　考えてみれば人類はこの数千年、つまり古代から現代まで「支配社会」を続けてきました。多くの人びとが一部の人びとに支配され、自由が規制される仕組みの社会です。支配者にとって支配の目的は人びとが働いて生産した富を収奪して欲望を満たすことです。

　しかし、当然支配される側の人びとの抵抗もあって、いくどか支配社会の仕組みは変わりました。

　近代になると、身分制度の暴力支配に代わって経済的強者が弱者を搾取する仕組みになり、今では「新自由主義」の下で、いっそう格差が進み、1パーセントの富裕層が巨大な富を抱えています。しかも、近代以降のあまりにも急増した生産量と非自然なものの量産と廃棄、資源の掘り尽くし、自然の環境と生物への破壊と廃絶などが進み、このままでは人類も地球もろとも亡びかねないのが現実です。あらゆることを資本の論理の下に利潤追求と市場制覇を優先させて、生産の目的を平然と歪め、消費を煽って資源と労働を浪費している今日の支配層には、もはや格差をなくして生活苦を取り除くことも、環境破壊をくい止めることもできません。それらは、この歪んだ社会の現実を変えようとする主体的な人びとの連帯した意志ではじめて取り除くことも、くい止めることもできるのです。

　大雑把に書きましたが、今人類は「支配社会」の限界にあり、確かな歴史の歩みとして支配のない自由な社会に向かおうとしているのです。

2）未来は自由な人間社会

　支配のない未来社会が必然だと言えるのには他にも理由があります。それは「自由」の意志とその実現の手段が広まり定着しているからです。「自由」には2つの意味があり、ひとつは他からの支配や束縛がないこと、いま

ひとつは自分の思い通りに行動できることですが、当然、そこには他を支配する「自由」はあり得ません。

今では憲法の下で、個々の人間の尊厳も平等も、基本的人権も、民主主義も意識として行き渡っています。また、それらを守る社会的な仕組みや手段も確立してきました。例えば、植民地を全廃した「国連」には世界中の国々が対等に参加しています。「日本国憲法」には国民主権が貫かれていますし、住民主体の自治も用意されています。すべての人の生命が守られ、満足に生きられるようにと福祉制度も前進してきました。

2.「家族」再生

１）家族は悩みを抱えている

今、多くの家族がさまざまな悩みを抱え、傷ついています。生活はますます苦しくなり、忙しさに追いまくられて、ゆっくり過ごす時間がなく、家族はバラバラで心が通わず、外で傷ついて帰っても癒してくれる人も場もありません。心を病む人が増え、家族にうっ憤を晴らすなどの家庭崩壊も増えています。喜びに満ちているはずの子育ても苦痛で、働くお母さんは疲れきっています。

支援のない身内の介護も深刻で、際限のない責務に身も心もボロボロです。家庭の崩壊でまともに食事も摂れない深刻な状況なのに見過ごされている悲惨な子どもたちさえいます。ひとり暮らしが増えています。仕方なくひとりになった人には不安と孤独がつきまといます。積極的なひとり暮らしも増えていますが、その根底には「家族」に展望が持てないような現実があるからなのだと思います。

私は、これらの現状の要因は「家族」の本質にではなく、社会の歪みにあると考えています。歪んだ社会の人間関係破壊の要素が家族と暮らしに浸

透しているからだと見ています。

　世の中が変わろうとする今、これまでの社会の仕組みが創り出した「生活いじめ」や「要求つぶし」と、支配の維持を計って仕掛けてくる「人間関係つぶし」が一緒になって家族の悩みの要因を創り出しているのです。ますます悪化する労働条件も、競争へと駆り立てる対立と孤独の押しつけも、考えと行動を操る情報浸けも、住まいやまちの健康な環境の破壊もその仕業なのです。

２）大切な「家族」の３つの意味

　私は自由な人間社会を築くためにも「家族」はなくてはならないものだと考えています。その本来の「家族」の意味を私は次の３つと捉えています。

　　１．生命をつなぐ関係です。

　　　　かけがえのない愛のつながりで、新しい生命を育みます。

　　２．共に暮らす関係です。

　　　　生きる拠点を共有し、共感と信頼で命を支え合います。

　　３．人びとのつながりの原点です。

　　　　社会の歪みに対抗する心豊かなつながりをここから広げます。

３）家族づくりで大事なこと

　歪んだ社会の圧力に負けない健全で自由な家族づくりには、次のことが大事です。

　● まず、日々の出来事をたくさん共有し、よく話し合って理解を深め、うれしい共感の記憶を増やすこと。外でのさまざまな出来事を持ち帰って伝え合い、励まし合うこと。「見て見て！」や「ねえ聞いて！」が大事なのです。

　● また、それぞれの個性の違いに興味を持ち評価して認め合い、家族全体の特徴も「私たちの家（うち）ってこうだよね！」と大事に確認し合

うこと、そのためにも誰もが対等に暮らして支配関係をつくらないことです。

● さらに、誰もが心身の健康に留意して支え合うこと。親しく自然に接して自然とともに生きる暮らしを追求し、日本の文化が培ってきた大事な自然観とその作法を「食」や「住まい」に活かすことです。

● そして、家族ぐるみで「まちづくり」に参加することです。それぞれの家族の暮らしを支えるための近隣、地域や「まち」をつくり、それを共同する人々のつながりを広げていくこと。そのためにも住まいと暮らしを「まち」に開くように工夫することも大事です。

このような家族がいっぱい育つことで、心ある人びとの豊かなつながりが広がり、世の中すべての生産活動で、支配者の利益追求のためではなく、人びとの暮らしのためが最優先されるようになり、それが当たり前になる仕組みや環境が整えられ、多くの人びとの望む「自由な社会」へ向かっていくのだと私は考えています。

3．住まいづくりは生き方づくり、家族づくり

さてそこで重視したいのは、家族づくりにとって、住まいづくりは他にない大事な機会なのだということです。

1）住まいづくりとは何か

誰でも、家族は自分たちの住まいをどこかに定めて暮らしています。毎日そこに帰ってくつろいで寝て、次の日々の生きる力を維持しています。誰でも、その住まいでの暮らしぶりは「手づくり」で、他にはない独自のものです。自分たちの住まいを自分たちらしくしつらえ、工夫して暮らしています。

4 専門職はどうかかわるか

しかし、生活は変化します。子どもは成長し、大人は年をとります。人の出入りもあるし、あれこれの要求も変わって、住まいと生活が合わなくなってきます。また、建物の老化や欠点が不安になったり、暮らし難さが我慢ならなくなったり、家族の病気や不調が深刻になったりして、何とか解決せねばならなくなります。そこでとうとう、抜本的な住まいの改善が必要となり、専門家の力を借りて改造したり、建て替えたり、他の家に転居したりします。これが「住まいづくり」です。

２）住まいづくりの進め方
「住まいづくり」の全体の流れは次のような構成です。
● まず、暮らしのすべてを見直し、暮らしぶりの特徴や持ち物の扱いなどを確認します。
　　見直す暮らしは家族の生い立ちから将来の見通し、日々の暮らしの展開とあれこれの場面の様子、物の量や収納や家事の分担、各自の個性や家族関係や、近隣や友人たちとの関係などなどです。
● 次に、不満や問題を出し合い、課題を整理し、条件を分析し、可能性を検討します。
　　条件には、敷地や既存建物、近隣や道路の状況、法的な規制、資金計画、日程期限などがあります。
● さらに、これからの望ましい生活のイメージを共有し、それにふさわしい住まいを考え確定します。
　　この段階では、これからはこうしたいという場面場面とそのための室内空間を出し揃えて、条件の中で組み合わせます。また、要求が変わったり増えたりすれば何度もやり直し、すべての要求が満足する住まいにまとまったら、みなで合意します。
● そして、つくりたい住まいの工事にふさわしい職人集団か工務店か建設会社などに依頼し、見積り検討し、工事契約して、工事を順調に進

153

めて実現します。

　この全過程こそが、そこに住む人の「生き方づくり」「家族づくり」の絶好のチャンスなのです。これが成功すれば後々に「あのとき、いっぱい話して良かったね」「やっぱり私たちのうちが一番！」となるのです。

3）家族の自覚と判断力

　住まいづくりのすべての過程で、当事者である家族が貫いてほしい大事なことが３つあります。

- まず、いろいろと提供されるものに対して、それが本当に自分たちに必要なものかどうかを厳しく見分ける判断力です。売り上げ競争に勝つためだけで「優れた機能とデザイン」をエスカレートさせている「商品」が氾濫している昨今、この判断力はことさら重要です。

- そのためには、自分たち自身の暮らしを家族みんなでよく見直し、自分たちの独自性をしっかり確認して、それにもっともふさわしい住まいを求めることに自信と誇りを持つことです。その内容は優れて個性的なはずですから。

- さらに当事者であるのを自覚してすべきことは、この主旨を堅持して協力してくれる設計者やつくり手たちを、身近に見つけることです。それには実際の現場や手がけた住まいと、地域の人びとの評価を見聞して、その能力と相性を確かめ合って決めるのですが、もちろん、「住む人の味方」に徹する誠実な専門家でなければなりません。それができれば、住まいづくりにかかる費用もそれぞれ必要な作業と材料に見合う金額の合計を納得して支払うことができるのです。

4）設計者の姿勢と能力

　住まいづくりで住む人が納得し、満足するためには、設計者に次のような姿勢と能力が求められます。

4　専門職はどうかかわるか

● 決して押し付けない「一緒につくる」姿勢。
● 暮らしぶりのすべてを掴み、個性を大切にし、本音を引き出し、要求を高める能力。
● 最上の提案を見つけ、わかりやすく伝えて共感と合意をつくる能力。
● 信頼されて、人と人、人と建物とのよい関係をつくる人柄、などです。

4．自由な家族を育てる住まい

　家族の問題では、かつて、企業社会が押し付けてきた「核家族像」があって、それが「企業戦士」を支えるための家族像であることが見え見えになり、今ではそれを担ぐ人はいなくなりましたが、住宅の分野では、まるでその「核家族」に応ずるような、問題の多い「ホテル型」の間取りと、風土にそぐわない洋風デザインの「商品化住宅」が未だに市場を牛耳って横行しています。

　そこで、これからの自由な家族を育てる住まいのあり方について、私なりに考えて、次のような課題を提起します。

Ｉ）暮らしを創って楽しむ住まい
　自分らしい暮らしぶりを創っていきながら、それに合わせて、住まいもしつらえ、改造していきます。
　とくに、食べたり寛いだり遊んだりするところを、みなが集まりたくなるように楽しくつくります。それぞれの居場所でも、各自の自分らしさを素直に出して、みなでそれを楽しみます。どこでも家族の気配が感じられて、安心で、気持ちが通う広がりのある住まいです。規格住宅でも共同住宅でも、暮らしの場は自由につくり直せるようにしておくべきです。

155

２）暮らしが外に広がる住まい

　人が出入りするところは、誰もが来やすく、つながるように、広く豊か
につくります。

　内と外をつなぐところはできる限り幅広くして、さまざまな遊びができ
るゆとりの場をつくります。近隣と仲良くして、敷地や建物の接するとこ
ろは共同で工夫して豊かに活用します。隣近所や街並みがよりよくなるこ
とに「一役買える」ような住まいにします。個別では解決しない問題などは、
地域の人びとと協力して「まちづくり」へつなげます。

３）暮らしに自然を取り込む住まい

　住まいを自然素材で満たします。それは人の身に良く、自然も汚さず、資
材の循環にも叶います。自然の恵みをいっぱい取り込みます。太陽の光と
熱と風通し、蒸発熱や日よけや遮熱、自然素材の蓄熱と放熱、吸湿と放湿、
さらに大地の地熱などを活用して、「気密と空調」に頼らない住まいです。
閉ざさないで、自然の快適さを肌に感じて過ごします。建物のまわりに土
と植物を配して、虫や小鳥など、自然を呼び寄せます。

４）暮らしの文化を受け継ぐ住まい

　日本の木の家づくりには培われてきた優れた技能がいっぱいです。

　木と木がしっかり手を握って固める伝統工法は、金物だらけの痛々しい
つくりとは違い、心が休まります。手間をかけて活用する価値が随所にあっ
て、住む人の住まいへの愛着を深めます。障子も畳も縁側も土間も…すべ
て日本の風土に合った生活文化です。家具や工芸などの日本の手づくり文
化と合わせて、暮らしと住まいに取り入れるよう心がけます。

　木の家づくりが広がることは、放置されて朽ちかけた日本の森林の再生
にもつながります。

4 専門職はどうかかわるか ‖

> 国際女性建築家会議日本支部
> # UIFA JAPON
> # の活動をめぐって
> ― その25年を振り返りながら ―

生活構造研究所 取締役特別顧問
松川 淳子

1．UIFA JAPONは2017年に設立25周年を迎える

UIFA JAPONは、2017年6月に設立25周年を迎えることになった。この小さな任意団体は、1963年にフランスで設立された世界の女性建築家・技術者の集まり「UIFA（国際女性建築家会議）」の「日本支部」である。

85か国、約800人が参加しているUIFAは、設立以来2、3年ごとに世界の都市を回って大会を開いている。日本からは、第1回大会に草創期の女性建築家、中原暢子ら3人が参加したことから、UIFAの設立者・ソランジュ・デルベッツ・ド・ラ・トゥールさんにたいへん注目された。当時、日本には1953年に設立された「ポドコ」という女性建築関係者の集まりが

写真１．UIFA第１回世界大会のひとこま

あり、中原暢子はこれについて紹介しており、UIFAより10年も早く設立されていることも参加国の注目の的だったという（写真１）。

世界各地で開かれるUIFAの世界大会に、日本の女性建築家・技術者たちは、初めは個別に参加していた。モナコ大会、イラン（ラムサール）大会などなど…、その楽しさとともに、世界の友人たちと交流することの有意義なことが参加者たちを魅了してきた。

やがて、「こんなに楽しく有意義な会議に、単に個別バラバラに参加するだけでなく、いずれ日本にも大会を招いて日本の現状や文化を世界に紹介し、建築家としての責任を果たしていくべく議論していきたい」と考える機運が盛り上がり、日本支部を設立する運びになった。初代会長は中原暢子、次に小川信子、松川淳子がそれぞれ会長を務め、現在、稲垣弘子が４人目の会長となっている。

２．定例活動と社会からの要請

定例活動には情報提供を中心に以下のようなものがあり、2016年12月現在まで、多くの建築家や識者の方々の出講や寄稿という応援をいただいて、継続している。

①年次総会と記念講演（計24回実施）
②海外交流の会（計65回実施。事業委員を中心に年３回企画・実施）
③「この指とまれ」（会員の発議で随時実施する勉強会や見学会・ワークショップなど）

④ニューズレターの発行（広報委員が制作。年3回発行。104号まで発行）
⑤ミニニュース（UIFA JAPON D'AUJOURD'HUIT）の発行（理事の持ち回り制作　毎月発行　現在144号まで発行）

　勉強会や講演会開催など日常活動の中で一貫して追究されてきたテーマは、当然、建築や都市に直接関連するものが多いが、その中でも「女性と住まい」を扱ったものが多い。「女性＝住宅」と押し付けられることに反発しながらも、「住まい」が建築や都市の問題の基本であることを認識していたからかもしれない。

　こうした活動の中から、女性建築家・技術者のパイオニアたちを発掘し、その切り拓いてきた成果を検証しようという気運が出てきた。社会潮流もこの分野への女性の参画を促していく方向にあり、「研究助成費をいただいての調査研究」や「『女性と建築』をテーマにした展覧会への参加」という形で社会からの要請にも応えることが徐々にできるようになった。女性と仕事の未来館主催の展覧会「女性と建築展」への参加、IAWA（国際女性建築家アーカイブ）と協働した「女性建築家のパイオニアの肖像展」の実施とその後の8会場への巡回展実施など、UIFA JAPONの総力を注いでその要請にこたえてきたといえよう。

　展覧会の資料集めや聞き取り調査、アンケート調査など、UIFA JAPONの作業によって、それまであまり知られていない、市民の生活や都市を支えた草創期の女性建築家の存在が浮き彫りにされた。ばらばらに、またはほそぼそと、紡ぎ続けられてきた女性たちの存在がつながって見えてきたということになる（写真2）。

写真2．UIFA第18回世界大会（ヴァージニア）でアンケート結果を発表する中島明子さん（中央）と筆者（左）

3．日本大会の開催とその後の展開

1998年には念願の「日本大会」が第12回目のUIFA世界大会として、東京、横浜を中心に開催された。開催テーマは、「環境共生時代の人・建築・都市」で、国内外から31か国、268人が参加した。国、自治体、団体などからの援助をいただいて盛大に行われた大会は、研究発表や作品紹介、パネルディスカッション、スタディツアーなどの後、ポストコングレスツアーとして、京都・奈良を旅し、神戸まで足を延ばし、1995年の阪神・淡路大震災からの復興状況を見学した。日本大会から20年近く経った今でも、海外の国々の友人たちからは、「日本大会は本当にすばらしかった…」と評価されている（写真3）。

日本大会はその後のUIFA JAPONの活動を大きく展開することに役立つことになった。この大会が縁で2003年、私は米国ヴァージニア州にあるヴァージニア工科大学におかれたIAWA（国際女性建築家アーカイブ）のアドバイザーに就任した。先に述べた「女性建築家のパイオニアの肖像展」も、IAWA設立30周年を記念しての協働作業であったし、日本の女性建築家のパイオニアたちの作品をこのアーカイブに収め、散逸を防ぐなどの作業も継続して行われている。

写真3．UIFA第12回世界大会（東京、横浜）のフィナーレで壇上の各国代表

2004年の第14回UIFA世界大会はフランスのトゥールーズで開催された。この大会のテーマは、「自然災害に対する女性建築家の貢献」というものだった。その年、ヨーロッパ各地で起こった洪水とその被害に対する報告があり、阪神・淡路大震災の被災の報告を写真展示

で行った私にとっては、彼女たちの報告に触発されることが多かった。何よりも、「建築や都市の研究や創造に携わる者として、自然災害の被災地に対してできる限りの支援をするのは当然の責務である」という意識が会員間で共有できるようになったのは、この大会以降のことであったと思う。会長のド・ラ・トゥールさんの「一人では何もできない、でも手をつないでいけば、道は拓ける」というUIFAの基本精神を改めて確認したことが大きかった。帰国後、UIFA JAPONでは、「災害復興見守りチーム」を設置し、同年10月の中越地震の被災地支援にあたることになったのである。

4．被災地支援のさまざまな形

2004年10月末に起こった中越地震に対しては、支援の方法を見つけるまでに時間がかかった。（NPO）都市計画家協会のチームを手伝って被災した小さな集落の復興計画を作りながら、UIFA JAPONにもっとも求められている支援の形はないかを模索した。私たちが行った作業は、

①被災して傷んだ住宅を調査し、その「カルテ」を作り、その後の修復に役立てること

②集落の行事にあわせて「茶会」を開き、お茶を提供しながら住民同士が復興の方向を話し合ったりくつろいだりする機会を作ること

③集落の庭の美しい花々を、調査し、広報し、公開するとともに、集落の共有地を「シンボルゾーン」とし、集落全体を「ひとつの大きな庭」というコンセプトとして整え、広く発信し、来訪者を増やすこと

というものである（写真4）。

「住民に寄り添う支援」「住民と連携する支援」「住民の自立とコミュニティの再建につながる支援」という私たちの基本姿勢を確認しながら、支援をこの10年間継続してきた。どの活動も徐々に集落の住民自身によって進

写真4．法末集落の「オープンガーデンマップ＝お庭拝見ルート」。参加家庭が増えてきた。

められるようになってきている。

　2011年に起こった東日本大震災の支援には、中越地震の被災地支援の経験が役立った。なるべく支援が手薄な地域へ、なるべくこれまでつながりがある地域で、と考え、仕事を通じて親交のあった岩手県岩泉町を中心に支援することを決めた。

　最初に手をつけたのは、仮設住宅地におけるカフェの開催であり、「被災地ならどこでも行く！」という意気込みを込めて、「どこでもカフェ」と名付けた。仮設住宅地の集会所を拠点に、会員から集めた支援物資もここで配布した。抹茶、コーヒー、紅茶などをメニューにして、余裕のあるときは、室礼を工夫し、和服を着てサービスするなど「女性建築家ならでは」の工夫もこらした。茶席は大好評で、被災の体験やこれからの住まいや暮らし

の立て方などを話し合う機会にもなった。そして「ここでもやってほしい」とあちこちから声がかかり、原発被害からの避難者の暮らす郡山市、加須市などからも声がかかるようになり、のべ57か所の開催結果となった（写真5）。

写真5．岩泉町小本の仮設住宅地で「どこでもカフェ」の初日
（撮影：平野正秀）

カフェの片付け作業の中で、一人の住民から「支援をされることに慣れっこになってはいけない、自分たちでも何かすることができないか」という感想が出て、そこから生まれたのが「だれでもフォトグラファ」の活動である。フィルムを配布し、毎日の暮らしや被災地の変化を写真に記録することで、住民自らの復興記録を作って行こうというもので、指導者にプロカメラマンをお願いし、年に3、4回程度の会合を持ち、それまで撮った写真を見ながら合評会をし、新しいフィルムを配る、ということを繰り返した。7歳から80歳までの仮設の住民40数人が参加した。毎年3月11日の被災メモリアルデーには、それまでの写真をパネル化して、写真展を開いてきた。写真好きが結構いたこともあって、そこで暮らす住民でこそ撮影できる写真が生まれたのである。撮影した写真には、被災の現況、仮設の生き生きした暮らしが写し取られ、時間の経過とともにそこで暮らす住民たちの笑顔も撮影されるようになって、「復興」が決して堤防や道路を造ることだけではないことを教えてくれている（写真6、7）。

5．これからの被災地支援に向けて

岩泉町（岩手県下閉伊郡）における「どこでもカフェ」は、復興公営住宅

写真6.「だれでもフォトグラファ」の
ひとこま。橋本カメラマンの指導。
（筆者撮影）

写真7. 小本駅構内の通路を利用した
「だれでもフォトグラファ」の写真展。
フォトグラファのプレゼンを聞く町長。
（筆者撮影）

の集会所に引き継がれ、そこでの「カフェ」は住民の手によって運営されるようになった。UIFA JAPONは、この茶席にお茶菓子を送ってささやかに応援している。また、被災地ばかりでなく、首都直下地震に備えた東京の防災活動の中でも、カフェの要請にこたえている。一方、「だれでもフォトグラファ」は、自主グループができて2016年の「初日の出」を撮影する自主撮影会を1月1日に開催した。2016年3月11日の第5回目になる写真展では、岩泉町の東端の岬に太平洋からのぼる美しい「それぞれの初日」が展示された。2か月に一度程度の頻度で発行される「だれフォトニュース」が彼らとの交流手段となっている。

　私たちの支援の方針のひとつ「コミュニティの再建につながる支援」が少しずつでも進展していることを目にするのは限りなくうれしい。しかし、被災地支援に携わりながら、「いったい自分たちは何をしているのか」と自問自答していたことへの解がおぼろげながら見えてきたことはさらにうれしい。被災地支援もまた建築や都市計画のひとつの形であり、堤防の図面や道路図をつくる以上に、被災者の心の復興が必要なのである。

4 専門職はどうかかわるか

```
┌─────────────────────────────────────┐
│                                     │
│    下町の防災まちづくり              │
│                                     │
│      ― 地域居住支援システム          │
│    「NPO法人すみださわやかネット」―   │
│                                     │
└─────────────────────────────────────┘
```

東京土建墨田支部、すみださわやかネット事務局長
鈴木 和幸

1. 木造住宅密集地 墨田区

　私たち東京土建墨田支部がある墨田区は、木造住宅密集地を多く抱えており、老朽化した住宅の建て替えや道路基盤の整備などによる防災機能の向上が急務となっている。墨田区北部地域は戦災を免れた木造住宅が今も多く残り、それらの建物は古くなり、道も狭く、なかでも京島地区は地域危険度測定調査において建物倒壊危険度で都内1位になったこともあり、地震や火災に不安を感じる方が数多い。こうした中で墨田区の施策でも「燃えない壊れないまちづくり」が進められているが、思うようには進んでいないのが実状である。

165

１）進まない施策の理由

「燃えない壊れないまちづくり」が進まない理由は大きく分けて２つ。１つは複雑化する権利関係で、土地の所有者と借地権者、店子がすべて異なる場合も少なくない。安い賃貸借料のまま契約が結ばれていることも多く、経済的に余裕のない高齢者は、時が経つにつれて住み替えが難しくなっている。もう１つは、接道条件や日影規制など都市計画的な制約。狭小な土地に建てられた既存不適格の建築物は、単独で建て替えた場合に現状の規模を維持できない。共同化が解決策のひとつではあるが、範囲を広げると権利者が増え、合意形成が難しくなるという問題がある。

２）第三者的なコーディネーター「NPO法人すみださわやかネット」設立

大規模な再開発ではなく小さな共同化の場合、大企業や行政の介入は難しい。そこで「地場企業が地域の仲介役になれないか」、そうした思いから「地域居住支援システム」の検討が始まった。街の課題は住宅に関することだけではなく、地域コミュニティーの維持、商業の活性化など多岐に渡り、これらの課題解決には専門的かつ住民の立場に立ったコーディネーターが必要になる。建て替えなど住まいの面では建築家や大工、工務店。医療・福祉分野では医師や保健師。労働関係では弁護士、社会保険労務士、労働組合。それぞれが単独で課題解決に取り組むのではなく、区内にある関係団体が集まれば第三者的な立場から地域住民の生活要求全般に応えることが可能となる。そのネットワークづくりの核になるのが「すみださわやかネット構想」である。

この構想を元に2007年、特定非営利活動（NPO）法人すみださわやかネットを設立。理事会の構成は、大学教員、弁護士、建築士、司法書士、医師、税理士、区役所元職員、東京土建組合員と多分野の職種の人が参加し、設立当初の理事長は鈴木 浩さん、現在の理事長は中島明子さんである。

NPO法人すみださわやかネットは、東京土建墨田支部が開催する住宅デーやすみだ住宅まつりなどで、住宅・法律・税金・相続・行政などの無料

相談会を実施。2009年には木造住宅密集地の象徴的な地域である京島地区にあるキラキラ橘商店街内に、誰でも気軽に立ち寄れる相談処「キラキラ茶家」を開店し、以降このキラキラ茶家を拠点に活動を展開してきた。

　キラキラ茶家は、運営していた建物の耐震性などの事情により閉店し、多くの方々の協力で商店街内に新たな店舗を確保することができ、墨田区の新・商業活性化コラボレーション事業助成金を得て改装し、2016年3月にオープニングのイベントを行い、4月から「新キラキラ茶家」を開店した（表1）。

2．地域住民のための相談事業

1）相談事業を通じた運営と確立

　「地域の居場所」「気軽な相談場所」を通じて地域再生を目指すNPO法人すみださわやかネットは、キラキラ橘商店街内の空き店舗を借りて2009年

表1．すみださわやかネット・キラキラ茶家の主な経過

年	月	実施事項
2007年	6月	設立総会を開催する。
	10月	東京都設立認証（平成19年 都管法特 第1354号）を受ける。
	11月	特定非営利活動法人（NPO法人）を設立する。
2008年	12月	地域調査研究報告会を開催する（後援：墨田区、キラキラ橘商店街）。
	5月	独立行政法人福祉医療機構の助成対象団体に選ばれる。
	7月	墨田区京島キラキラ橘商店街内にキラキラ茶家を開店する。 →何でも無料相談を中心に活動を行う。
2012年	3月	郵便事業株式会社『平成24年度 年賀寄附金配分 活動・チャレンジプログラム』に採択される。 →この助成金を活用し、絵手紙教室・木版画教室などを開始する。
2015年	5月	キラキラ茶家を一時閉店する。
	10月	墨田区『平成27年度新・商業活性化コラボレーション事業補助金』に採択される。 →キラキラ茶家新店舗改装・オープニングイベントなどにこの補助金を活用する。
2016年	4月	新キラキラ茶家を開店する。

に開店したキラキラ茶家の運営を軸にしながら、前述したように多岐の分野の理事会メンバーをはじめ、多くのボランティアスタッフに支えられ活動をしてきた。

　キラキラ茶家では弁護士や建築士を中心とする相談員やボランティアスタッフが綴る「雑記帳」を2010年9月より開始。それ以降、2010年9月14日〜2015年3月31日までの年度ごとの延べ来店者（ボランティアスタッフ・相談員を除く）は、2010年度で471人、2011年度793人、2012年度1,052人、2013年度829人、2014年度761人となった。同じ期間の相談内容は法律相談66件、住宅相談49件、税金相談17件だった。雨漏りの住宅相談から屋根材の軽量化による耐震改修を含めた工事につながるなど、東京土建墨田支部が設立した協同組合すみだ建築センターが施工をした事例もある。この他に区政や年金手続きなどに対する相談17件（後期高齢者保険料滞納、障害者福祉、道路拡幅、生活保護、住民基本台帳カード発行手続き、認知症の人の代理人が預金を下ろせるかどうか、買い物の付き添いサービス、国民年金の請求手続き方法、道路使用許可、65歳で失業した人が雇用保険と厚生年金両方受給可能か）、登記相談8件（不動産名義変更手続き、町会でNPO設立を検討、転居に伴う登記の変更、相続に関する成年後見制度）、健康医療相談9件（肩こり、腰の痛み、リハビリ、膝の痛み、右人差し指の痛み、アスベスト被害、3か月入院期間経過後の退院要求についての対応方法）、労働相談3件（障害者雇用問題、一人親方労災保険加入）といった相談もあった。

　この相談事業は新キラキラ茶家でも継続し、地域のみなさんに覚えてもらいやすいよう「水曜日は住宅相談の日」とし、その他にも法律相談などを行っている。

２）相談内容の変化
　相談内容は、東日本大震災を契機に変化した。2010年度までの内容は法

律面では債権回収や契約トラブル、住宅面では2010年6月から義務化された住宅用火災警報器などであった。ところが東日本大震災発生以降は法律や税金面で「相続」や「遺言」、それらにかかわる相談、住宅面では耐震化・家具転倒防止器具の取り付けなどの「防災」や「減災」についての相談が増加した。現在、住宅面での自然災害を要因とした相談内容は落ち着きが見られるが、法律面では相続関連の相談が継続して寄せられている。

　また借地借家という土地建物にかかわる墨田区の特徴を背景に、不動産関連の相談も依然としてあり、今後も相続と同様増加する可能性があるだろう。

３）キラキラ橘商店街への来街者の特徴

　2016年1月1日現在の墨田区の人口は261,723人、世帯数は141,769世帯である。うち65歳以上の高齢者数は59,715人、高齢化率は22.8％、高齢者人口のうち75歳以上の人口は28,529人で、高齢者のうちの47.7％を占めている。区民の平均年齢は45.09歳で、23区で5番目に高い区となっている。

　キラキラ橘商店街の来街者は、商圏と言われる主に半径1km未満の押上3丁目、京島1丁目〜3丁目、文花3丁目、八広1丁目〜3丁目、立花5丁目の居住者である。該当地域に住民登録する高齢者は8,657人（うち75歳以上が4,246人）で、墨田区全体の高齢者のうち14.5％がキラキラ橘商店街へ徒歩圏内となる。相談と特徴が前記の内容であるのは、キラキラ橘商店街来街者のこうした事情が反映されている。

3．普及啓発事業

１）ミニ学習会、キラキラ茶家を活用したイベント

　地域のみなさんの悩みや不安を軽減・解消する目的で、高齢者向けに「お墓に関する法律事情」や「遺言状の書き方」などを、また事業所向けに「事

業主が知っておくべきマイナンバーの基礎知識」や「従業員との労働契約」、子育て世代向けに「災害時の食生活」といったテーマでミニ学習会を行った。

キラキラ茶家では2012年に採択された「年賀寄附金配分活動・チャレンジプログラム」の内容を継続して行っている。高齢者が気軽に集える場所としての機能を発揮しながら、連携する社会福祉法人墨田区社会福祉協議会との共同で、絵手紙サロン、木版画教室を定期的に開催し、地域の人に喜ばれている。絵手紙サロンと木版画教室は茶家を活用するイベントとして定着しており、参加者からの要望意見は具体的なため、ミニ学習会の内容に反映してきた。

また高齢者だけではなく子育て世代にも茶家を利用してもらう足がかりに、旧キラキラ茶家時代から毎年「クリスマス絵本展」を開催している（写真１）。

2016年４月に開店した新キラキラ茶家は、以前から連携してきた墨田区社会福祉協議会の「地域福祉プラットフォーム事業」の常設会場に選ばれ、住民相互の支え合い活動と福祉関係機関による専門的な支援をつなぐ拠点として、毎週火曜と木曜にサロン活動を展開。学習会などを行う中で、さまざまなつながりも生まれ、すみだ食育goodネットと共同し「すみだ街かど食堂」を月に一度開催するほか、絵手紙サロン、木版画教室も引き続き開催、おもちゃや絵本も多数常備し、子どもからお年寄りまで気軽に利用できる「地域の憩いの場」としている。また地域の集まりやイベントの会場としても利用されるようになり、私たちの予想を超えて商店街の中に根を張りつつある。

写真１．絵本展の様子

２）キラキラ橘商店街の催しへの参加

　キラキラ茶家があるキラキラ橘商店街では、ワイワイウイーク、七夕飾り付け、夜市、つまみ食いウォークなど、さまざまな催しが行われている。さわやかネットはこれらのイベントに積極的に参加し、東京土建墨田支部主催の住宅デーもキラキラ茶家や商店街の一角で開催し、その場でもさわやかネットとして無料相談会を開催するなど、商店街や区民の方との交流を深めている。

　すみださわやかネットは墨田区、墨田区社会福祉協議会、すみだ食育goodネット、キラキラ橘商店街など、諸団体との連携を図りながら、キラキラ茶家を中心とした気軽な相談場所としての機能強化、安心して住み続けるための「地域居住支援システム」に向けた取り組みを続けていきたい。

４．地元建設組合の防災・減災まちづくり

　私たち東京土建墨田支部では、区民の地域居住支援や減災・防災の分野に地元建設労働組合が参加し、居住地組織として区民との接近の機会を得る中で、地域を支援していく分野の確立が求められてきた。こうした事情から、NPO法人すみださわやかネットを設立したが、その他にも墨田区耐震化推進協議会（耐震協）の設立、墨田区との災害協定締結や、墨田区木造住宅無料耐震相談員派遣事業、墨田区高齢者世帯・心身障害者世帯の家具転倒防止器具取付事業とガラス飛散防止フィルム取付事業を受託し、減災活動を進めている。耐震協では墨田区の耐震改修助成制度の利用を、イベントや町会を通じて区民に促進し、耐震改修工事を広め、比較的安価で施工できる簡易耐震補強にも取り組み、万が一地震で家が壊れても逃げる時間を確保し、「命を守る」改修工事を行っている。

　2014年には東京土建墨田支部自主防災組織「ハンマーズ」を結成し、登

写真2．ハンマーズ

録者が災害発生時に応急活動などの墨田区との災害協定を軸に地域の先頭となって活動すること、訓練や講習に積極的に参加し技術や知識を高めることを目的とし活動している（写真2）。

近年、日本の各地で災害が多発しているが、2014年11月に発生した、最大震度6弱の長野県神城断層地震では、白馬村で全壊住宅など42棟、半壊住宅31棟、一部損壊住宅など151棟の大きな被害にもかかわらず、住民らによる迅速な安否確認と救助活動により死者をゼロに抑え、「白馬の奇跡」と呼ばれた。2015年に火砕流が発生した鹿児島県の口之永良部島では、その前年の噴火から地域防災計画を見直し、避難先を変更するなど、島をあげての取り組みの成果もあり、島民ら137人が全島避難し、被害者ゼロを記録している。

このような「共助」の力の重要性からも、地域住民と自主防災組織が結び付き、防災面での課題を地域で共有することが必要となっている。自主防災組織に対して地域や行政からの認知度が徐々に高まり、地域行事を含めたさまざまな要望が東京土建墨田支部に寄せられ、地域産業、居住地組織の建設労働組合に対する期待はより大きくなってきた。

東京土建墨田支部は、居住地組織としてその「人財」を大切にしながら、町会や地域諸団体との連携を拡大し、自主防災組織の面からも進めていくつもりである。

4 専門職はどうかかわるか

理学療法士
と
住宅改善

日本保健医療大学 准教授
蛭間 基夫

1. はじめに

　住宅改善は在宅で生活する高齢者や障害者の心身機能や起居、移動動作
（以下、動作）および日常生活活動[注1]（以下、ADL）の状況に適合した状
態に住宅を整備し、地域社会における彼らの継続的な暮らしを支える支援
である。このような支援は、住宅の改造や工事にかかわる建築技術者のみ
で成立するものではなく、医療、福祉、介護などの専門職も同時に介入し、
チームを形成しながら支援する必要がある。このようなさまざまな専門職
が介入しなければならない住宅改善において、リハビリテーションの専門
職である理学療法士[注2]（以下、PT）に関しても固有の専門性や役割を有し

ている。本稿では住宅改善におけるPTの専門性や役割および介入実態と課題について論述する。

2. PTの住宅改善における専門性と役割

　PTの住宅改善における専門性は動作およびADLの分析や評価である。この専門性を基礎として、PTの重要な役割は住宅改善の具体的計画の検討・立案である。住宅改善における具体的計画の立案は、住宅の物理的環境と生活する対象者の動作・ADLの不適合関係を明らかにすることにより可能になる。そのため、計画立案で求められる動作・ADLの分析や評価は単に「できる」、「できない」や「自立」、「介助」を判定するだけではない。加齢や疾病による機能障害や能力低下が生じている高齢者や障害者は、動作・ADLの方法や遂行手段の多様性が低下し、決まった動作様式や同一環境でなければその動作やADLの遂行が不可能な場合がある。したがって、単に「できる」・「できない」だけではなく、動作・ADLが制約される原因を明らかにすることが住宅改善における動作・ADLの分析や評価には必要になる。

　PTが行う動作・ADLの分析や評価は、動作・ADLを構成する心身機能をPTが検査・測定して状態を把握し、それらに問題がある場合にはそれが動作やADLにどのように作用するのかを検討する。例えば、便座から起立できない場合に、まず、その原因が下肢の筋力低下によるものか、下肢の関節の可動域制限によるものか、あるいは、上半身を前方に傾斜させることが困難であるのかといった機能面を分析する。そして、これらの機能的問題のどれが主因なのか、あるいは、どのような相互関係があるのか、さらに、他の動作・ADLとの関連性があるのかといった問題点を抽出する。このような動作・ADLができない原因や関係性を明らかにすることにより具体的

な住宅改善の計画が立案できる。さらに、これらの問題点がトレーニングなどにより向上するのか、あるいは、今後増悪するのかといったことの予測もできる。そのため、PTが介入する場合には住宅改善を実施する時点での動作・ADLの状況とともに、これらの将来的な状況の予測を含めて計画の立案ができる。とくに、このような予後予測は進行性の疾患や症候群においては重要な視点となる。また、これらの機能的問題に対する対応や予測をPTは検討できるため、住宅改善とその他の支援の効果や長所・短所を比較し、さまざまな支援を総合的に提案することもできる。以上のように、対象者の動作・ADLに関する能力に適合した環境整備を進める必要がある住宅改善では建築技術者とともに、PTが協力しながら計画を立案しなければならない。

　そして、計画立案を担うことができるPTは同時に対象者や家族に対して住宅改善の動機付けも可能である。これは計画を立案しながら対象者などにその内容を示し、立案している計画により得られる効果や他の支援と比較したときの長所や短所を説明し、その理解を深め、住宅改善実施の決断を援助するものである。とくに、PTの動機付けの役割は医療、介護機関において治療を担当している対象者の場合に、より効果的に実施できる。この他に、工事後に計画通りの工事が実施されているかの確認とともに、計画立案の関与の有無に関係なく、整備された環境下での新しい動作・ADLの方法の指導を行える。以上のように住宅改善においてPTは計画立案を中心として複数の役割を担うことできる。

３．PTの住宅改善介入のための仕組み

　在宅生活者の住宅改善に関して全国的に統一された支援制度として、介護保険では、要支援・要介護認定者を対象とした費用給付のサービスが設

けられている。この費用給付は定められた6種類の工事を行った場合に、上限額20万円（自己負担1割を含む）で材料費および施工業者の人件費を対象として給付するものである。そのため、制度として施工業者以外の医療、介護、福祉の専門職が介入するための仕組みとなってはいない。ただし、このような場合でもこれらの専門職が無報酬で介入することがあるため、少なくともこれらの専門職が介入するための経済的基盤とはなってはいないといえる。

PTは医療機関で1人の対象者に個別で理学療法を20分間施行した場合には、診療報酬によって（疾病や発症日数より段階はあるが）脳血管疾患では最大245点[注3]が算定される。これに対して、住宅改善に限定されたものではないが、PTが入院していた対象者の退院時期に合わせて自宅を訪問し、家屋構造に合わせた動作・ADLなどの指導を行った場合に300～500点の指導料[注4]を算定できる。また、在宅生活者で通院が困難な者に対して、自宅での訪問指導を実施することにより最大300点の指導料[注5]を算定できる。これらに対して、PTの住宅改善における自宅訪問の時間の実態は明らかにできてはいないが、住宅改善の訪問に仮に40分以上の時間を要する場合には、医療機関内での対象者1人当たりの治療と比較して減収となる。したがって、訪問支援を中心に行っている機関で、住宅改善以外の支援も行っている場合には住宅改善の支援も同時に行えるため住宅改善への介入が容易になる。しかし、入院や入所が中心の機関やPTの勤務者数が少ない機関では、住宅改善のために自宅訪問を行うことは収益面からマイナスがあり、減収を前提としながらも介入するというPTや運営主体の意識がなければ介入は難しい。

また、現在PTの多くは医療機関に勤務しており、そこに入院していたり、通院している対象者であれば、住宅改善の支援にPTが介入するきっかけを持つことができる。しかし、医療機関とのかかわりのない在宅生活者が住宅改善を実施する場合は、地域や在宅支援の専門職との連携やネットワー

クがないPTの場合では、そこからの依頼がなければ在宅生活に問題を有している対象者の存在そのものに気づくこともなく、介入を検討することもできない。また、仮に依頼があった場合にでも、制度上収益面の基盤整備が不十分であるため、とくに医療機関に勤務するPTの場合には容易に介入することはできない。したがって、多くの場合には、通常の業務として治療を行っている対象者以外での支援への介入は特別な対応となり、仮に地域や在宅の専門職や対象者からPTの住宅改善への介入の要望があった場合でも、そのニーズにスムースに対応しにくい環境にある。

4．PTとOTの住宅改善介入の実態

　既述した住宅改善におけるPTの専門性や役割に関して、PTと同じリハビリテーションの専門職である作業療法士[注6]（以下、OT）も有している。著者が2010年に実施した全国のPT（3,795名）およびOT（2,094名）を対象とした住宅改善の実態調査において、PTの76.1%、OTの67.5%が住宅改善の介入経験があり、住宅改善がPT・OTにとって特殊な職務ではないことが明らかになった。しかし、経験者の1年間（2009年度）の住宅改善への平均介入件数は3.1件という水準であった。さらに、1年間に介入した件数が0件のPT・OTが経験者の22.8%を占めた。このような実態は、重要な専門性や役割を有するPT・OTが社会のニーズに十分対応できていないことを示唆している。

　また、本調査においてPTとOTの住宅改善の専門性や役割は同じとする意識が双方とも高かったが、同時にPTとOTが支援で連携する機会が多いことも示された。調査により住宅改善でPTが自身の専門性の対象となる動作・ADLとして、起居、移乗、移動（応用歩行[注7]を含む）となった。OTでは自身の対象となる動作・ADLとして、Self-care[注8]、手段的ADL[注9]（以

下、IADL）、趣味、余暇活動となった。これらの動作・ADLにおいて、OT
が自身よりもPTがより専門性が高いととらえているものは歩行や階段昇降
であった。一方、PTがOTの方が専門性が高いとしているのは整容、食事、
更衣といった上肢を活用するSelf-careとIADLであった。つまり、これら
の動作・ADLは一方的に自身の専門領域と位置付けているのではなく、他
方からも専門領域と位置付けられ、PTとOTの相互の共通認識として形成
されていた。住宅改善は住宅で行われる広範な動作・ADLに関しての分析
や評価が必要になる。したがって、上述の動作・ADLの専門領域の相違と
その相違の共通認識の形成が、同じ専門性や役割を有していてもPTとOT
が連携する機会が多くなる要因であると推測される。

　わが国のPTとOTの住宅改善の専門性や役割は現在のところ曖昧な状況
である。これに対して、欧州においては住宅改善への介入はOTの業務であ
ることがPT・OTの認識とともに社会保障の制度や仕組みとして確立して
いる。筆者が2011年に実態調査を行ったデンマークの事例では、PTの養
成課程において住宅改善に関する科目や授業は設けられていなかった。ま
た、学生の臨床実習で住宅改善を経験することはきわめて稀であることが
明らかになった。しかし、OTの場合には住宅改善における具体的な業務や
役割が制度上明確化されており、その役割を遂行するために養成課程で住
宅改善に関するカリキュラムが設けられていた。デンマークにおける住宅
改善のOTの役割は、これまで本稿で記載してきたわが国のPT・OTのも
の以上に多岐に渡っている。それはわが国の介護支援専門員の職務と類似
し、住宅改善の支援に断片的に介入するのではなく、対象者の在宅支援全
般に関しての調整役としての中心的な役割を有している。

　つまり、多様な在宅支援に介入する役割があり、その支援の一つとして
住宅改善がある。そして、それは対象者や家族からの相談に始まり、住宅の
構造の調査や問題の発見、対象者などの動機付け、計画立案、工事後のフォ
ローアップ、工事費用の検討や他職種との連携の調整などの一連の支援過

程においてOTがすべてに介入するための制度的仕組みが構築されている。そして、このように住宅改善においてOTが重要な立場にあることは社会保障制度に相違があり、すべてが同じというものではないが、デンマーク以外の欧州では類似する実態となっている。

　これらの欧州の状況を受けて、わが国でも住宅改善の支援にはPTではなく、OTが介入するという報告が散見される。しかし、欧州の状況をそのままわが国に導入するという結論は不適切である。デンマークでは、住宅改善に関するOTの役割は制度として確立され、社会的ニーズも明確であり、それらを背景として養成課程において、それらに対応するための教育が進められている。しかし、わが国で規定された養成課程おいては住宅改善に関する教育はPTとOTでは相違はない。そして、住宅改善におけるPTの固有の専門性や役割は曖昧な部分が多く、教育としても、社会的ニーズとしても浸透している状況ではない。したがって、これらは大きな課題であるが、介入するPTやOT、あるいは、勤務機関の意識や能力によって具体的な役割や支援の質が変化するのが現状である。

　わが国は和式の生活様式であることやそれを前提とした住宅構造であること、移動動作が全ADLに関連するといったことは、動作において重心の上下動が大きく、移動動作の前段となる移乗動作や応用歩行を含めた歩行・移動動作に関する専門性が高いPTの住宅改善への介入の必要性を高いものとする。介護保険における住宅改善の費用給付の申請書である「住宅改修が必要な理由書」[注10]の作成者の規定として介護支援専門員とともに福祉住環境コーディネーターやOTなどが明記されたが、PTはそれに明記されなかった。その根拠については不明確であるが、わが国の現状においては、住宅改善における専門性や役割に関して、あるいは、それらの技能に関してはPTとOTという専門職間で異なるものではない。仮に相違があるとすれば、それは専門職としての知識や技能としての差ではなく、各PT・OT個人の差により生じていると推測される。

5．今後の課題

　少子高齢化の進展に伴い生じるさまざまな課題を有するわが国において、そこで生活する生活者の状況に適合した住宅に整備することはいっそう重要性が増すものである。したがって、そのための支援において、専門性や役割を有するPTやOTが積極的に介入しなければならない。しかし、制度上、収益上PT・OTが介入する仕組みが構築されていないことや固有の専門性や役割が曖昧であることにより介入するための課題も多い。そのため、他の専門職や対象者からのニーズに対応できない状況が継続するリスクがある。これらの社会的ニーズに対応することができないままでいると、そのニーズは今後小さくなり、社会資源としてのPT・OTの専門性を社会に還元することができない。また、住宅改善におけるPT・OTの職域も狭小化することになる。

　このような問題を解消するためには、まずは住宅改善におけるPT・OTの専門性や役割、介入による効果や長所に関して、実際の介入を通して社会の理解を深め、広めることが効果的と考えられる。そのための一つの方策として、わが国のPTの有資格者によって組織されている各種組織・団体[注11)] の活用が検討されるべきである。つまり、これらの組織が医療機関で支援に介入しにくいPTを援助できるように、場合によってはそのPTの代わりに支援に直接介入するような人的援助体制を整備する。このような方策により住宅改善におけるPTの有する知識や技術を社会に還元し、介入におけるPTの専門性や役割をさらに啓発することができる。そして、より多くの住宅改善に介入することで、PTの専門性や役割を定義し、確立することができ、結果としてPTの住宅改善支援における職域の維持、拡大につなげることができると考えられる。

4　専門職はどうかかわるか

　リハビリテーションの専門職であるPTおよびOTは対象者の家庭復帰や
社会復帰を目標として支援や治療を行うことになる。したがって、対象者
の在宅生活の基盤となる住宅の状況を軽視していては、このようなリハビ
リテーションの原則的な目標を達成することはできない。このような理念
を改めて提示し、住宅改善におけるPTの固有の専門性や遂行すべき役割を
考察し、介入における現在の課題とその対策について整理した。

注1）日常生活活動（Activities of Daily Living；ADL）は日本リハビリテーション医学会
　　　（1976）の定義では「ひとりの人間が独立して生活するために行う基本的な、しかも各人
　　　ともに共通に毎日繰り返される一連の身体的動作群」とされる。そして、狭義のADL（食
　　　事、整容、入浴、排泄、更衣の5つの動作）と、さらに拡大した広義のADL（交通機関の
　　　利用や家事などの応用動作）の2つの意味を有している。本稿では原則として両者の意味
　　　を有する総称として記載している。
注2）PTはPhysical Therapistの略である。
注3）疾患の種類とその算定期間は「脳血管疾患」（180日）、「運動器」（150日）、「心大血管」（150
　　　日）、「呼吸器」（90日）、「廃用性症候群」（120日）と規定されている。
注4）具体的には「退院時リハビリテーション指導料」（300点）、「退院前訪問指導料」（580点）
　　　である。いずれも医師の指示を受けて保険医療機関の保健師、看護師、理学療法士、作業
　　　療法士などが訪問し、指導を行った場合に算定できる。これらの算定には回数制限がある。
注5）具体的には「在宅患者訪問リハビリテーション指導管理料」（300点）である。通院が困難
　　　で、医師の診療に基づき、理学療法士、作業療法士または言語聴覚士が訪問してリハビリ
　　　テーションの観点から療養上必要な指導を20分以上行った場合に算定できる。
注6）OTはOccupational Therapistの略である。
注7）応用歩行とは階段昇降や段差昇降などを意味する総称である。
注8）Self-careは「身のまわり動作」とされ、狭義のADLと同義である。
注9）手段的ADL（Instrumental ADL）は具体的動作・活動として明確化されていないが、広
　　　義のADLとほぼ同義語である。
注10）2000年12月18日に厚生省老人保健福祉局長通知（老発第833号）において、「住宅改修
　　　に必要な理由書」の記載ができる専門職として「介護支援専門員、作業療法士、福祉住環
　　　境コーティネーター2級以上、その他これに準ずる資格を有する者」とされている。つま
　　　り、理学療法士は具体的に記載されていない。また、作成の1件あたりの単価は2,000円
　　　である。
注11）わが国ではPTの職能団体としての「日本理学療法士協会」および学術・研究団体としての
　　　「日本理学療法学会」が組織されるとともに、47都道府県には「都道府県理学療法士会」
　　　が組織され、各々の組織がその理念の下で活動している。

> # 自治体住宅政策
> # の
> # 挑戦は続く

東京自治問題研究所 主任研究員、都留文科大学 非常勤講師
安達 智則

1．あれから10年
—問われている自治体による住み続けるための総合政策

　1980年代の経済バブルは、東京に深刻な住宅問題を引き起こした。都心商業地への資本の土地・不動産投機は、商業地の高騰にとどまらずに、東京で暮らしている賃貸家賃にも影響をもたらした。この80年代後半から90年代前半にかて、賃貸住宅の家賃更新をすれば、従来の家賃の2倍、3倍を大家が提示することは、珍しいことではなかった。

　労働者階級を中心とした階層は、都心から郊外へ、大量のエクソダス（脱出）が起こった。労働者の賃金は住宅費高騰に見合うようには上昇すること

はなく、安い家賃を求めて、現代版"流民"現象として23区の人口は減少した。

　このとき、自治体の役割が問われた。土地不動産への投資の規制は政府の政策領域であり、臨時的に地価税を創設して、土地・不動産への過剰な投機の抑制政策も講じられた。自治体は何を成すべきか。住民の居住不安が増大する中で、東京都にも23区にも、新たな住宅政策・定住政策の必要性が、自治体の企画政策担当者や住宅の研究者たちに強く意識されることとなってきた。

　当時の鈴木俊一都政は、都庁の新宿移転で象徴される「都市改造」路線と都職員を削減して福祉領域などへの第3セクターの民間活用による「減量経営」路線であったために、都の住宅行政は停滞していた。

I）第1次東京住宅政策研究会『地域住宅政策の提言1991』

　その東京都も、広がる居住不安への対策に動き出した。1988年「東京都住宅政策懇談会」が知事の諮問機関として発足した。この「懇談会」は、労働者や低所得者への総合的な住宅政策立案ではなく、「中堅の中所得者向け」の住宅政策を狙いとしたものだった。もう一つの焦点は、自治体住宅政策とした場合に、東京都だけなのか、東京都＋23区になるのか、という自治体行政の担い手の広がりに注目が集まった。

　そこで東京自治問題研究所は、東京都区職員労働組合・都庁職住宅局支部と連携して、「東京住宅政策研究会」を1988年に立ち上げた。早川和男氏、鈴木浩氏、中島明子氏、岩見良太郎氏、川瀬光義氏などの研究者と東京自治問題研究所と東京都庁職労働組合住宅支部の3者による研究会は、その成果を『東京の住宅政策 ―地域住宅政策の提言1991』（1991年5月31日）として発行した。表紙がグリーンだったために、愛称「グリーン報告書」と呼ばれ、増刷を重ねた。

　この「グリーン報告書」は、東京都の住宅政策の不足分として都営住宅建

設を主軸とした労働者・低所得層への公営住宅の大量供給、基礎自治体を住宅政策の主体のひとつと位置付けて地域住宅政策による「住宅計画」「住宅行政」の取り組みを提言した。

停滞している都営住宅の新規建設には、都政における住宅行政の発展として、人と財源が必要になる。新しく区政に住宅政策を立ち上げるためには、その根拠となる条令などの法規（法の社会規範化）、実行する経済的基盤としての住宅関連予算の確保が必要条件であった。

結果としては、都営住宅建設は停滞したまま、住宅局の職員は減らされて民営化が進んだ。その代わり、「中堅の中所得者向け」住宅は、一定の前進をみることとなった。

大転換をしたのは、23区政である。住民の中の居住不安に応えるために、新しく住宅行政が23区で取り組まれ、法規範としての「住宅基本条例」の制定、住宅予算の新規の計上が進んだ。

２）第２次東京住宅政策研究会『地域居住政策の提言2006』

2000年代は、公共責任が回復したのではなく、「減量経営」から「民間でできることは官は行わない」というスローガンの小泉「構造改革」により、自治体の構造的再編が進んだ。

その自治体構造的再編は、平成の大合併・財政の三位一体改革・義務付けの規制緩和などであった。東京は、田無市・保谷市の合併以外は起こらず、三位一体改革では財政的「恩恵」がもたらされた。東京都と23区は、地方交付税の不交付団体のために、地方交付税の依存率の高い地方都市・町村とは違い、国庫補助金はマイナスであったが、それを上回る「住民税増税」の財政効果で「プラス（財政好転）」を生み出した。さらに、義務付けなどによる都市の規制緩和は都市再開発を誘発し続けて、駅再開発やいわゆる「ハコモノ」行政が復活した。東京都も23区も、指定管理者制度やPFIなどを活用した、民間企業への委託が増大して、直接行政責任を担う領域が減少した。

東京都の住宅行政は、都財政のゆとり増大を背景として、貧困対策から中堅所得層へ政策のシフトが進み、民間活力の活用による都市開発に転換をしていく。都政の組織改革により、住宅局がなくなった。「住宅局」は、「都市整備局」の下部組織に格下げされた。

　2016年3月31日の東京都機構図は、「都市整備局」を構成する「8部体制」の中に「住宅政策推進部」と「都営住宅経営部」に分散されている。

　「都営住宅経営部」という組織名は、都政の都営住宅行政の性質を現している。都営住宅を「経営問題」と捉えれば、東京都住宅行政が行うことは、貧困者への都営住宅供給責任はなく、区への都営住宅管理の移管などによる東京都住宅管理責任の身軽化である。

　2000年代の自治体「構造改革」は、住宅政策を後退させる危険性が高くなった。そこで第2次「東京都住宅政策研究会」が再組織された。都政の住宅政策の後退に歯止めをかけて都政問題としての住宅政策を浮上させる必要性、1990年代に区政で新しく切り拓かれた「住宅政策」の後退も懸念された。

　第2次の「東京住宅政策研究会」は、第1次から継続して参加された、鈴木浩氏、中島明子氏、岩見良太郎氏、松本恭治氏、安達（東京自治問題研究所）に加えて、板橋・生活と自治研究所と世田谷自治問題研究所の参加を得た。世田谷自治問題研究所からは、玉野和志氏（首都大学東京・社会学）の参加も得て、社会学の視点による地域住宅政策の練り上げも取り組まれた。

　その成果は『東京の住宅政策 ─地域居住政策の提言2006』（2006年7月）にまとめられている。この詳細を紹介する紙幅はないが、防災・都営住宅の建て替え・コミュニティ再生・木密の再生などへの対応策を提言した。そうした東京で課題になっている住宅問題を解決する主体の一つは、都政と区政にあること。それに加えて、地域に住み続けるためには、自治体への住民参加活動も重要な役割があることが、「地域居住政策」として検討され、提言に結実した。

「地域居住政策」は、地域居住支援センター（仮称）を設立して、生活圏域の中で住民と密接に相談支援をしていくことを後送した。介護政策として作られた「地域包括支援センター」とも連携して、居住困難ケースにはどちらも対応することを構想した。そうした地域ごとの居住改善や安心して住み続けるため「地域住宅計画」は必須の課題になる。そうした「地域住宅計画」の策定には、団地・自治会・町会との連携と行政への参加を保障していくことが、未来型の住宅政策として提言された。

あれから10年。第2次の住宅政策を提言してから、10年が経過した。地域住民の住まいの権利保障は、前進したとは言えず、さらに悪化しているのではないか。

例示をすれば、「定住から移住へ」（退職者の移住政策・CCRC構想）、空き家の社会問題化、東京集中のために都心地価はバブル期と同じ水準に高騰、駅チカ物件優先市場（駅から徒歩10分内しか売れないという多摩地域の不動産）など、私たちの住宅政策の提言は、政府の政策と資本の論理の前には、十分には抵抗力さえ発揮できていないのだろうか。

そこで90年代に新しく切り拓いた自治体住宅政策の現状分析を行うことにした。区政分析を2つに絞った。「住宅財政」と「住宅条例」分析から、23区住宅政策の現状を観察してみよう。

2. 東京23区の住宅財政分析

地方財政の住宅費分析は、決算分析のひとつである「目的別分析」を使って明らかにすることができる。「目的別分析」は、民生費（福祉費のこと）、教育費、土木費のように財政を何に使ったのかに着目して分析する方法のことである。

4 専門職はどうかかわるか

「目的別分析」は、総務省の決算統計で用いられる。自治体の予算編成上は、事業項目を計上する裁量領域が広いために、自治体間比較ができない。例えば、住宅経費を福祉費で計上しようが、土木費で計上しようが、自治体の予算編成の自由である。

そのために自治体が、どのように住宅費を使ったのかを比較するためには、決算値について統一した手法によらなければ比較することができない。その統一した決算手法を「普通会計」と呼び、その「普通会計」による手法の決算の計算を総務省は、自治体に義務付けている。

「住宅費」は、目的別の大きな区分の土木費の中に含まれる。「土木費」は、住宅以外に、道路・河川・公園などを含む。したがって、土木費の中の「住宅費」を抽出して、その推移などを算出すれば、自治体住宅費の分析が可能となる。

あれから10年、第2次東京住宅政策研究会以降の「住宅費」はどうなったであろうか。

図1は、2014年決算値を加えた23区住宅費合計の推移である。これから、2004年よりも2014年住宅費は増加したが、1994年には到達していないことがわかる。

貧困者への区営住宅費、中間所得層向けの区民住宅費、家賃助成費などの住宅財政は、社会的必要性もあるために、持ち直しつつある。よく財政では「価格の下方硬直性」ということが指摘される。「下方硬直性」は、一度上がった価格（行政需要）は、簡単には下がらないと言う財政現象のことである。それは、23区住宅費にも充当できる傾向を示していた。区

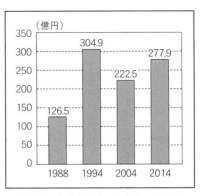

図1．東京23区の住宅費の推移

政の新しい住宅行政需要を維持し続けるためには、それを支える法的な担保も必要になる。

図2は、23区住宅費が、どのような財源で充当されたのかを見ている。使用料・手数料が、第1位。これは、受益者負担として住宅家賃が第1の財源になっていることを示している。第2は、一般財源など。これは、区の独自の財源を住宅費に充当していることを示している。この2つで、62％になる。第3は、国庫支出金と東京都支出金もあるが、金額が少ない。23区住宅費の財源は、主として家賃と区の持ち出しで成立していることがわかる。

では、住宅費は、その性質に注目すると何に充当されているのか。図3からわかることは、普通建設事業費と物件費が突出していることである。普通建設事業費は、住宅の新規建設などのことである。物件費は、その大半は民間委託を示す科目である。そして、驚くほど少ない維持補修費は、住宅の管理経費の少なさに他ならない。

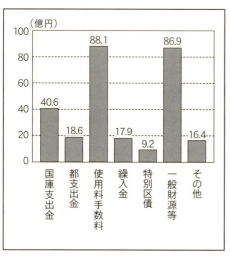

図2．東京23区の住宅費の財源別（2014年）

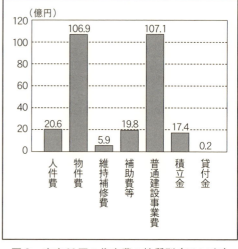

図3．東京23区の住宅費の性質別（2014年）

新宿区の住宅費の「維持補修費」は、2015年決算で「ゼロ」だった。「ゼロ」は、あまりに不思議な財政現象のために調査をしてみると、区営・区立住宅の管理が維持補修費も含めて「民間委託」されているために、「維持補修費」としては、表示されないことがわかった。

つまり委託費の合計を示す「物件費」には、「維持補修費」も含まれる区がありえる。これは、財政統計としては、異常事態である。民間委託が進行したために、その契約内容次第では、何でも含まれてしまう。区政の行政責任体制から、民間依存体質への変質といえる事態が進行中である。同時に、性質別の財政分析の正確さが、低下していることも指摘しておかなければならない。

３．東京23区の住宅条例分析

1990年に策定された世田谷区住宅条例は、その条文に「第３章　住宅及び住環境の水準」として、「第13条（最低住戸占用面積の確保）」を定義したことが、特筆された。つまり、世田谷区では、狭い住宅を建設することを原則禁止することを打ち出した。

1980年代後半から90年代前半にかけて、住宅基本条例の策定が取り組まれた。新しい行政領域については、それを担保する基本条例が不可欠である。その基本条例がなければ、担当部署の設置や予算確保の継続性が保証されない。

23区の住宅行政の30年間の推移を振り返ると、財政の「下方硬直性」を保てたのは、「住宅基本条例」を軸とした条例制定の存在が指摘できる。条例制定を行ったため区政の住宅行政に取り組む法的根拠が、議会の賛同を得て成立している。地方自治の権力は、２元制で構成されている。首長と議会に住民は、その権力を選挙で託す。その首長（行政）と議会（立法）の

２者が、意思一致したことが、条例制定の意義である。

　23区の「住宅基本条例」は、国から行政指導を受けて作成したのではなく、それぞれの自治体が独自に取り組んだ。国のいいなりではなく、独自に取り組んだことは、地方自治の団体自治の有効性を示しているといえよう。

　表１は、直近の23区住宅条例の現状を示している。住宅基本条例を有していない自治体もあるが、典型的な条例は、３つをそろえている。３つとは、「住宅基本条例」「区営住宅条例」（貧困世帯への住宅）「区民住宅条例」（中堅層向けの住宅）。それに「高齢者」「障害者」「ファミリー」の条例をもっている自治体もあった。

　「住宅基本条例」など、制定後、抹消されることなく存在していることが、区政の住宅行政が継続可能だった法的な要因だったことが確認された。

４．これからの自治体住宅政策の課題と自治体職員

　紙数も尽きた。最後に、これからの自治体住宅政策の課題を指摘しておきたい。

１）「住宅基本条例」の総点検

　「住宅基本条例」はあるが、十分な基本条例であったのかを再検討する必要があろう。豊島区は、CCRCを推進して、高齢者の定住から移住政策を打ち出している。東京集中が止まらない。不動産資本の都心の一点集中が進む。こうした資本の都市改造については、「住宅基本条例」は無力なのだろうか。住まいの都市空間を保持していくには、業務化する資本の流れを規制しなければならない。より強い権限を持った「住宅基本条例」は策定できないのであろうか。

　参考にしたいことは、まちづくり条例・自治基本条例の見本とも言える

表 1．東京23区の住宅関連条例一覧

	住宅基本条例	区営住宅	区民住宅	高齢者・障害者・借り上げ等条例
千代田	千代田区住宅基本条例	千代田区区営条例	千代田区区立住宅条例	千代田区区民条例
中央	中央区の住宅及び住環境に関する基本条例	中央区営住宅条例	中央区立住宅条例	中央区借上住宅条
港		港区営住宅条例	港区立住宅条例	港区特定公共賃貸住宅条例
新宿	新宿区の住宅及び住環境に関する条例	新宿区住宅管理条例		
文京	文京区住宅基本条例			
台東	東京都台東区定住まちづくりに関する基本条例			東京都台東区高齢者住宅条例
墨田	墨田区住宅基本条例	墨田区区営住宅条例	墨田区区民住宅条例	墨田区シルバーピア条例
江東	江東区住宅基本条例	江東区区営住宅条例	江東区民住宅条例	江東区高齢者住宅条例
品川	品川区住宅基本条例	品川区区営住宅条例		品川区シルバーピア施設使用条例
目黒	目黒区住宅基本条例	目黒区区営住宅条例	目黒区立区民住宅条例	目黒区高齢者福祉住宅条例
大田		大田区営住宅条例	大田区民住宅条例	大田区高齢者アパート条例
世田谷	世田谷区住宅条例	世田谷区区営住宅管理条例	世田谷区立特定公共賃貸住宅及び世田谷区ファミリー住宅条例	世田谷区高齢者在宅復帰施設条例
渋谷		渋谷区区営住宅条例	渋谷区区民住宅条例	渋谷区借り上げ等高齢者住宅条例
中野	中野区住生活の基本に関する条例	中野区営住宅条例	中野区民住宅条例	中野区立福祉住宅条例
杉並	杉並区住宅基本条例	杉並区営住宅条例	杉並区立区民住宅条例	杉並区高齢者住宅条例
豊島	豊島区住宅基本条例	豊島区営住宅条例	豊島区立区民住宅条例	豊島区立福祉住宅条例
北	東京都北区住宅基本条例	東京都北区営住宅条例	東京都北区立区民住宅条例	東京都北区高齢者住宅条例
荒川	荒川区住宅基本条例	荒川区営住宅条例	荒川区民住宅条例	荒川区従前居住者用住宅条例
板橋	東京都板橋区住宅基本条例	東京都板橋区営住宅条例	東京都板橋区立住宅条例	
練馬		練馬区営住宅条例		練馬区立高齢者集合住宅条例
足立	足立区住宅基本条例	足立区営住宅条例		足立区住宅改良助成条例
葛飾	葛飾区住宅基本条例	葛飾区営住宅条例	葛飾区民住宅条例	葛飾区高齢者借上住宅条例
江戸川	江戸川区住宅等整備事業における基準等に関する条例	江戸川区営住宅条例		

「ニセコ町まちづくり条例」は、10年経って、総合的な見直しを行った。この10年間で条例の見直しもあった。その一例は、「協働」を言う用語を条例から削除したことである。「協働」を削除した理由は、財源が乏しいから行政から住民へ負担転嫁をする意味合いで使われることが多くなって、誤解を生むからである。「協働」から「自治」へと狙いを明確にした[注1]。

「住宅基本条例」の中の不十分な条文の改訂作業を通して、高い家賃などの住宅問題が止まらない現代的な住宅行政の役割を正面に据えた取り組みが必要とされているのではないだろうか。

2）維持補修費の明確化と委託管理型の見直し

住宅財政分析で明確になったこととして、維持補修費の少なさと建設費への傾斜であった。しかも委託費である物件費が、異常に高いことは、公的住宅行政の責任から民営化が進んでいることを示している。その物件費に、自治体によっては「維持補修費」も含まれている可能性がある。

住まいの適正な管理が行われているのかどうか。それが、民間業者以外にはわからなくなっていっている。居住者にとって、困ったことに対応していくのは住宅行政責任のひとつであろう。その領域が民間委託では、公平・平等な住宅管理ができているのか検証できない。

安易な住宅管理は、見直す対象である。委託内容の調査を行い、その妥当性について、点検をする必要があるだろう。区営住宅などの居住者からの苦情については、区の住宅専科が、受け付けて適正な管理業務を行うべきである。

3）住宅財政の増加による、家賃値下げの実現

23区の住宅財政の量的な確保は確認できた。しかし、その財源については家賃への依存が高いことがわかった。公共住宅部門において高い賃貸家賃は、URの場合も同様なことが言える。URの財政分析をすると、約70万

のUR賃貸家賃は、大きな黒字を出していて、その黒字を財政的な資源として、都市開発部門が動いていることが判明した。

区営住宅・区民住宅の家賃問題を再検討する必要があるだろう。23区の財政は、三位一体改革でマイナス構造ではなく、プラスの構造になり、いまや財政はすべての区で健全状態となっている。

家賃値下げのための財源は十分にある。多くの区では、子育て世帯・高齢者世帯・ひとり親世帯への家賃助成の取り組みも行われている。家賃値下げと家賃助成の充実は、具体的な住宅財政政策の課題といえる。

４）地域分析力を身に付けた住宅の公務労働者を創り出す

東京都の住宅局の職員は、1980年代から、総数が減少してきた。現在は、住宅局が廃止されたままである。一方、23区では住宅政策の担当所管がおかれている。社会的な注目度は、それ程高くない。厚労省による地域包括ケアシステムでは、住まいが医療・介護などと並んで、重点化されているのだが、住宅政策担当者の専門的蓄積が、地域包括ケアシステム策定に反映されているのか疑問が多い。見聞の範囲では、住宅権利保障を地域包括ケアシステムで謳っている自治体を見つけることはできていない。

住宅困難者に対する総合的な住宅政策を立案して、施策の実行を行い、適正な住宅管理を行うためには、「00区住宅白書」を策定して、全住民の住まい問題を明らかにする必要がある。そして、例えば認知症対応の住まい政策は、介護保険担当者との庁内の内部検討会が設置されて、住まい行政の専門家と介護行政の専門家による政策のすり合わせは、必要条件である。

住宅行政のプロパーを継続的に養成していくためには、早すぎる他部署への異動は、見直さなければならない。今、自治体職員に求められているのは、ゼネラリストという「非専門職」ではなく、その分野のプロフェショナルであろう。住宅政策では、地域分析力を身に付けたうえで、地域居住政策について福祉分野や企画部門と論争ができて、高齢者と障害者と住ま

い貧困問題の解決に‘公務員人生’捧げることを可能にする自治体人事政策への転換が、住宅の自治体公務労働を生み出すことになる。

そのためには、安倍政権の国家戦略特区による都市再開発や地方創生の一億総活躍社会ではない、専門的な自治体公務労働を認めて、その専門職が住民福祉の増大につながることを対抗軸として打ち出す必要があろう。自治を発揮した「独立性」指向の自治体を創り出す地方政治の改革は、地域住民の手で実現されなければならない。

おわりに

これからの高齢者社会は、認知症が増大していく。少子化も止まらない。子育てから高齢者の認知症までをカバーできる地域で住み続けることは、大多数の住民の切実な要求である。その住民要求に自治体住宅行政は、何ができるのか。住宅基本条例の再構築などを通して、地域居住政策を充実させることは、切実な自治体の課題である。

これからも自治体住宅政策の挑戦は続く。

注1）木佐茂男、片山健也、名塚 昭編『自治基本条例は活きているか？ ニセコ町まちづくり条例の10年』公人の友社、2012年、pp162-165.

5章

住宅セーフティネット論を超えて

——ハウジング・ファーストと地域居住政策

中島明子

HOUSERs

住宅セーフティネット論を超えて

— ハウジング・ファーストと地域居住政策 —

和洋女子大学教授
中島 明子

はじめに
― 住宅危機と住宅セーフティネット

　2006年に日本で最初の住宅に関する基本法となった「住生活基本法」が施行されたのに基づき、翌年、「住宅確保要配慮者に対する賃貸住宅の供給の促進に関する法律」、いわゆるセーフティネット法が制定された。市場主義的住宅政策への転換を明確化した1998年の住宅宅地審議会答申「21世紀の豊かな生活を支える住宅・宅地政策について」を受けたもので、市場主義を掲げる限り、自力では適切な住宅の確保ができない人々が出ることを想定したものであったことは十分に推測できる。

5 住宅セーフティネット論を超えて

　他の先進諸国に比べて少し遅れて始まった新自由主義改革、グローバル化の下で、そびえ立つ超高層の豪華マンションに住む金融やＩＴ産業の成功者たちが登場する一方で、住宅を失った「ホームレス」の人々や、非正規雇用が増大し、雇用の不安定が居住の不安定につながる住宅危機にあえぐ人々が目に見えて増えていった時期でもある。住宅危機の時代と言ってもよい。

　こうした状況の下で、住宅危機で困窮する人々を「セーフティネット」によって救おうという考え方を中心に論議されてきたのが、「住宅セーフティネット論」である。しかし、新自由主義の下では住宅確保は自己責任であり、公的支援はなるべく少なくするのが本意であるから、「住宅セーフティネット」は万全なものにはなり得ない。つまり、住宅困窮に陥ることを前提にした「住宅セーフティネット」論自体が矛盾したものなのだ。

　住宅セーフティネット法における公営住宅だけでは住宅供給の役割を果たせないとして、自治体ではそれぞれに居住支援協議会を立ち上げ、民間賃貸住宅の活用に踏み出した。住宅セーフティネット法は、従来「高齢、障害、母子、外国人など」といった理由だけで住宅市場から排除されていた人々を支援するものである。その限りでは一歩前進したものの、市場家賃の払えない人々は救えない。それらの人々は低質・低家賃住宅に滞留するか、病気や失業その他のちょっとしたことで、路上に押し出される危険がある。この問題の根本を解決しない限り、日本における豊かな住生活を実現することはできない。

　そこで本書の最後に、住宅を失うというもっとも厳しい状況にある「ホームレス」の人々への支援の新たな展開としての「ハウジング・ファースト」の理念を紹介し、住宅に困窮する人々を救うセーフティネットで救うのではなく、住宅危機に陥らないための居住保障を基盤とした地域居住政策について触れておきたい。

1．イギリス研究から「ホームレス」の人々に関する研究へ

　1980年代から90年代にかけて、私は保守党のサッチャー政権下のイギリスの住宅政策・住居管理の研究に取り組んだ。住宅問題、"住宅政策を研究するならイギリスへ"という雰囲気に押されてである。

　1981年に初めてイギリスに行き、大ロンドン庁（GLC）の住宅政策と公営住宅を見て歩いた。ホームステイをしたランベス区は、移民の割合が多い労働党のイニシアチブの区で、1979年に就任したサッチャー首相の新自由主義改革、市場化政策による公営住宅払下げ（Right to Buy）をめぐって大揺れに揺れている時期だった。ホストのクレアリーおばさんは、夜、近くの教会で「公営住宅払い下げの話合いがある」と言って度々出かけて行った。

　こうして戦後イギリスの住宅政策の大きな変化の渦中に飛び込みながら、イギリスの住宅事情や住宅政策が若干わかるようになった。1987年には、1か月の研修でロンドンの基礎自治体（Borough）の住宅政策の調査を行うことになり、その後、鈴木浩さん、内田勝一さんらとイギリスの地域居住政策に関する共同研究にかかわることができたのである。

　当時、新自由主義政策を掲げたサッチャー政権の下で「ホームレス」の人々が路上にも増えていた時期である。イギリスでは、すでに1977年住居（ホームレス）法が通っており、住宅を失うか、失う恐れがある人々は公営住宅に優先入居するか、B＆B（bed and breakfast）に入居できた。しかし、それでは間に合わなかったのである。当時のイギリスではホームレス状態の人々の問題は住宅政策の優先課題であった。EU加盟諸国（当時15か国）でも同様であり、住宅大臣レベルの会議も行われ、ホームレス問題は、特殊な人の問題ではなく、主要にはアフォーダブル住宅の不足として捉えられていた。

　他方、日本においては住宅を失った人々は福祉政策が対応しており、住

宅政策では取り上げないのが原則である。住宅政策は「人」に着目せず、モノとしての「住宅」が対象だからである。福祉施策でもよいのだが、そこでは居住する住宅の質は問われないことになる。

このことから、私の研究は、住宅政策との連携を求めて「ホームレス」の人々の居住支援に研究が広がった。

2. ハウジング・ファースト・アプローチ

「ホームレス」の人々への居住支援策の到達点として、「ハウジング・ファースト・アプローチ」を取り上げたい。

ハウジング・ファースト・アプローチ（以下、ハウジング・ファースト）は、住宅を失った人々への支援として、路上から直接一般の住宅に入居したうえで、その人が必要とする支援－医療、福祉、就労、法律、その他のサービスを受けて、地域の中で生きていくことを可能にする支援の方法を言う。

このハウジング・ファーストは、米国のニューヨークの〈パスウエイ・トゥー・ハウジング〉よるサム・センブリス（Sam Tsembris）博士によって1992年頃に開発されたもので、路上生活をしている人々の中でとくに重度の精神障害や薬物・アルコール依存症に陥っている人への支援として実施されてきた。センブリスが関係する委員会と協議して整理したのが、次の《8つのコア原理》である。

　①住宅は人権である
　②サービス利用者自身が（主体的に）選択し調整する
　③住宅と治療の分離
　④回復の方針
　⑤問題の軽減

⑥（支援は）強制のない活発なかかわり

⑦その人中心の計画づくり

⑧必要とされる期間の柔軟な支援

　それまでのホームレスの人々が一般住宅を回復するための支援は、ス
テップアップ（Staircase）方式と呼ばれるものであった。とくに路上生活
を経験した精神障害者などは、すぐには一般住宅で住むことはできず、治
療やライフスタイルの回復の訓練を行う「準備期間」が必要であり、そのた
めに施設入居を行うという考えに基づいている。日本でも路上生活者への
支援の枠組みは同じである。

　『Housing First Guide Europe』[注1]には北米で一般に実施されているス
テップが描かれている。

　　住宅を失った状態 ⇒ 受付 ⇒ シェアハウスなどで住むための訓練 ⇒
　　特別の条件に基づく（一時的）住宅契約を結んだ一般住宅 ⇒ 家賃契約
　　を行った一般住宅

　しかし、ホームレスの人々の中には、各段階での厳しい規則（アルコール
などの禁止、その他）に従うことができなかったり、環境の悪さに耐えられ
ず再路上化することがあったり、効果は芳しくなかった。

　これに対して、ハウジング・ファーストは、住宅を失った状態から一気
に一般住宅への入居を行い、住みながら個別の支援を柔軟に受けるものと
なっている。つまり、ハウジング・ファーストは、一般住宅にたどり着くこ
とではなく、最初のステップとして一般住宅に居住することを優先させて
いるという、従来の方法からの大きな転換であった。

3．ハウジング・ファースト・アプローチへの道

　私が最初にハウジング・ファーストという言葉を聞いたのは、2000年代当初、カナダのトロント大学の研究者と「ホームレス」の女性の研究をしていたときであった。このときの私は、ハウジング・ファーストの手法について十分に理解ができておらず、ホームレス状態を脱するには効果的であるとされながらも、一般住宅を提供することによる財政負担は大きく、実現は難しいのではないかと考えていたが、カナダ人研究者も同じような理解であった。

　しかし、日本でホームレスの人々への支援を行う中で、住宅を失うことにより、人間の尊厳を失い、生命の危険にさらされている状況に直面し、まず生きていく場、すなわち居住の場を確保することが一義的に重要であると感じた私にとっては、「ハウジング・ファースト」という言葉が心に響くものがあった。だが現実のホームレス支援では、従来からの「ワーク・ファースト」が底流にあり、就労して得た賃金で家賃を支払うということになっているのだ。高齢、女性、心身障害などといった困難を抱える路上生活者の多くは、当然ながらそうしたルートには乗ることができない。彼らが一般住宅に入居するには、保護施設などを経て、生活保護を受給する道しか用意されていないのが実状である。このことから行政は、就労できた人を「自立」したと言い、生活保護を受けてアパートなどに入居して生活を再建しても「自立」とは言わない。

　ところで、米国で広がったハウジング・ファーストは、当初もっとも支援の難しい精神障害者を対象としたものであったが、この手法が一般のホームレスの人々（その家族、若者も含む）にも適用できるものとして、ホームレス支援全般に広がっている。その波はヨーロッパにも波及した。2016年段階でハウジング・ファーストを行っているのは、デンマーク、フィンランド、フランス、イタリア、オランダ、ノルウェイ、ポルトガル、スウェー

デン、イギリスなどの13か国を数える[注2]。

　私が鈴木 浩氏らと1980年代のサッチャー政権下の地域自治体住宅政策を研究した時期は、ホームレス問題が住宅政策の重要課題になっていた。イギリスは最初にホームレス法を制定した国で、住宅を失うか、失う恐れのある人々に対しては公営住宅の優先入居や、B＆Bなどの宿泊所の提供が行われていた。ホームレスの人々への社会的排除対策としての包括的支援が行われるようになったのは、1997年の労働党ブレア政権になってからで、ハウジング・ファーストを導入したのは2010年以降である。

　イギリスがハウジング・ファーストを採用したときには、私はデンマークの住宅政策に関心を移していた[注3]。1990年代以前のデンマークでは、非営利住宅と家賃手当や失業手当によって、ホームレス状態の人はいないとされていた。いるとしても「はみ出した人」だという認識であったという。ところが2000年代に入った頃から「ホームレス」の人々[注4]が増え、新たな対応が必要になってきた。2007年に最初のホームレスの人々の全国調査が行われた結果、多くが精神障害者か麻薬やアルコール依存症であることが判明し、2008年からホームレスの人々に対する全国計画としてハウジング・ファーストを開始している。コペンハーゲン市やオーデンセ市ではハウジング・ファーストの効果が証明されている。問題は、ホームレス状態になる原因をなくさなければならない。デンマークの場合、貧困問題よりも、麻薬やアルコール依存症問題が大きく、この問題の解消と、多様な人々を包摂できる社会の構築が課題になっている。

4．日本におけるハウジング・ファースト・アプローチ

　欧米でのハウジング・ファースト施策の展開に対し、日本ではどうか。
　近年、ソーシャルワーカーや複数の支援団体と連携して、一般社団法人

つくろい東京ファンド（代表理事：稲葉剛さん）が東京都豊島区池袋に民間アパートを借り上げて、無条件でアパートを貸す「ハウジングファースト東京プロジェクト」を立ち上げた[注5]。これは精神科医の森川すいめいさんらによる池袋駅周辺のホームレスの人々の調査に基づいており、家主の協力を得て、新たなホームレス支援への第一歩になっている。

　私は2005年頃から、ハウジング・ファーストについて提起をしてきたが[注6]、その中で取り上げたのは、東京都台東区に本部があるNPO法人自立支援センターふるさとの会（第3章12参照）と千葉県市川市のNPO法人生活困窮・ホームレス自立支援ガンバの会、そして東京都が実施した「東京都ホームレス地域移行支援事業」である。また、東京や大阪などの路上生活者が多い大都市においては就労「自立」を目指す自立支援センターや保護施設がある程度整備され、ステップアップ方式が採用されるが、地方都市ではそうした施設がないこともあり、支援により直接居宅保護につながる可能性があり、実質的にハウジング・ファーストとなっているところもある。

　日本版ハウジング・ファーストの社会実験ともいえるのが、2004年度から2009年度にかけて東京都で実施された「東京都ホームレス地域移行支援事業」である。公園などで生活していた路上生活者の人々1,945人がこの事業を利用し、事業終了時には84％近く、1,626人の人々が一般住宅において地域生活を継続することに成功した。

　では、なぜ成功したのだろうか。

　1990年以降、東京都内の路上生活者が増え続け、東京都は2002年の「ホームレスの自立の支援等に関する特別措置法」が制定以前から、路上生活者対策を行っていたが、さらに新たな支援策を開始した。

　東京都は、従来の生活保護受給による路上からの生活再建と、就労自立を目的として他に先駆けて実施した自立支援事業という2つのルートと併せて、「ホームレス地域生活移行支援事業」の導入で、3つのルートを用意

した。この「地域生活移行支援事業」は、民間賃貸住宅や都営住宅を利用して、居住の場の確保を優先しながら、「自立」に向けて生活支援、居住支援、就労支援を行う、"日本版ハウジング・ファーストによる複合型支援"の事業ということができる。米国のハウジング・ファーストと異なる点は、就労「自立」や生活保護費受給による「自立」までの「準備期間」を設ける点と、恒久住宅に住むための一時居住の場であった点である。

この事業の利用者は、公園に起居する路上生活者の幅広い層が利用した。そして、当時、都内に一定の低家賃の民間賃貸住宅の空き家があったことが事業の前提にある。とくに生活支援・居住支援・就労支援といった、個々の人の課題に寄り添った伴走型支援が行われることにより、居住の継続を可能にしたのである。従来のルートにある施設に比べて自由度が高く自分らしい生活を送ることが可能だったことは、ひとりの人間として扱われ、自尊感情を高める支援でもあった。

こうした日本版ハウジング・ファーストといえる「地域生活移行支援事業」は、多くの公園生活者をアパート生活につなげるという成果やさまざまな波及効果があったが、4か年（実質6か年）実施して終了した。その最大の理由は、路上生活からの脱却という効果について、従来の方法と地域生活移行支援事業との比較財政分析が行われず、地域移行支援事業の見かけ上の予算規模の大きさを嫌ったからである。

5．日本においてハウジング・ファースト概念を広める

ハウジング・ファーストは、米国の精神障害などのあるホームレスの人々への支援から始まって、従来のホームレス支援を大きく変えようとしているが、私は、日本においてはホームレスの人々への支援手法としてだけではなく、"ハウジング・ファースト"という理念を、さらに普及して広く適

用する必要があると思っている。なぜなら、日本において「住宅」の確保は個人の責任であるという意識があまりに強く、格差が拡大し、貧困居住が増えていても、家を失った人々がいても、個人の能力に帰しており、公的支援は非常に限定的にしか行われなかったからである。

2011年3月11日、東日本大震災が発生した。本書が出版される頃には丸6年が経とうとしているが、未だに生活再建が困難な人々がいる。復興庁によると2016年11月10日現在、全国の避難者数は約13万4,000人、応急仮設住宅などでの避難者は原発被災地である福島県がもっとも多い。震災関連死は3,472人（復興庁、2016年3月末現在）と増え続け、その6割近くが福島県であり、9割近くが66歳以上の高齢者である。

ところで震災の3か月後の2011年6月25日に刊行された、東日本大震災復興構想会議による報告『復興への提言 〜悲惨のなかの希望〜』を見て、私はどれほど驚かされただろう。110万戸近くの被災住宅があり、地震発生後40万人が避難しているというのに、被災した人々の生活再建、その基盤にある住宅再建が前面に出ていない。示されたのは、震災を契機とした新たな産業振興の創出であり、「創造的復興」であった。震災・津波による住宅被災に対しては一刻も早い住宅再建が課題である。こうした居住保障の位置付けの欠如だけではなく、復興過程において提供された避難所、応急仮設住宅の質も一時施設であるとしてもあまりに低く、居住の長期化に伴いさまざまな問題が継続的に発生した。

ここでも見事に日本における人権としての居住保障の欠落によって、被災者の生活再建への困難が見られる。

住宅は人々の生活の器であり、生存権の根幹でもある。しかし、住宅は買うにしても借りるにしても高価であり、土地に付随してコントロールが難しく、個人で簡単に改善し、実現できるものではない。だからこそ社会的に対応しなければ、困窮する人々にとって人間の尊厳を持った住宅を確保できない。規制緩和を行い、公正な市場とするならば、低家賃で一定の

質を確保できるという議論は、まったくの空論であることは明らかとなり、この論理は20年間で破綻した。

　ハウジング・ファースト概念を拡大し、人間が人間らしく生きるためには、「住宅」を優先的に確保するという認識をあらゆる分野に広げ、日本社会においてとりわけ重要な課題なのである。

６．住宅危機を未然に防ぐ地域居住政策の構築を

　ハウジング・ファーストは、「ホームレス状態に陥った」ときの効果的セーフティネットとも言えるが、住宅セーフティネットを超えて、今後の日本社会における居住政策の方向を示すものでもあった。これらを体系的に展開しようとするのが、の地域居住政策論である。地域居住政策論については、第１章１で鈴木浩さんが述べており、また、各章で取り上げられているテーマが地域居住政策論を構成している。ここでは補足する形で簡単にまとめておきたい。

　ここで、従来の「住宅」政策ではなく、「居住」政策としたのは２つの意味がある。１つは、従来の建物としての住宅の供給が目的であったものを、ここでは、人々の生活の質の向上を目指したことである。人々の基本的人権であり、生活の基盤である住宅に「住む」ことを対象としている。もう１つは、居住の安定や住む人のニーズに合わせた支援やサービスを提供する人的サービスをも含めることである。そういった点で、これまでの住宅政策とは根本的に異なっている。

　地域居住政策論の基本項目を整理すると以下の９項目になる。
（１）住まいの権利 ―誰もが人間らしい住まいに住む権利の保障
　　　　居住の確保に対する公的責任である。国における人権としての居住

の権利の保障と、基礎自治体における居住政策の実施と、それらを調整する広域自治体の役割。

（2）建物としての「住宅」の改善が目的ではなく、人々の「生活の質」の向上

戦後の絶対的住宅難時代以来、日本の住宅政策は住宅供給を柱として進め、景気刺激策であった。これを、人々の「生活の質（Quality of Life）」を高めることを目的とした居住政策へと転換。

（3）人々の交流豊かな“共生型”住まいとまちづくり

描かれる住まい・まちづくり像は、超少子高齢社会の下で、単身者の増加を前提に、人々が孤立せず協働する場を持ち、生きがいと楽しさに満ちた“共生型”住まいとまちづくりである。グループホーム、コーポラティブハウス、コレクティブハウス、シェアハウスなどが挙げられるが、ワンルームマンションに共用スペースを設けるなどの改善案もある。

（4）居住の安定と居住継続を可能にする人的支援を含めた居住支援

従来の住居管理（ハウジングマネージメント）の流れにある人的支援が不可欠になっている。ここには個人・家族への生活支援、コミュニティ活性化への支援が含まれる。

（5）適切な住居費負担のためのアフォーダブル住宅と家賃補助

市場メカニズムに依拠した低家賃住宅として、シェアハウスなどが挙げられるが、若者や低所得者が入居できる社会的システムが求められ、適切な居住水準を持った低家賃住宅（公営住宅など）の供給と、それを補完する家賃補助が必要である。

（6）既存住宅の改善と継承を主流とする持続可能な居住政策

スクラップ・エンド・ビルドの住宅供給の主流から、既存住宅の維持改善を主流化し、供給された住宅を延命化し継承すること。そのための技術開発も課題である。

（7）地域の歴史と気候風土に根ざした住まい・まちづくり

　　気候風土を無視した人工環境による強引な住まい・まちづくりから、環境に負荷をかけない住まい・まちづくりへと、地域の歴史から住まい方を継承すること。

（8）地域・コミュニティとの関連豊かな居住の実現

　　多様な人々が交流しながら互いに協働し、地域課題に対し、住民自らが自助・互助・共助の仕組みの中で、より豊かな居住を実現する。

（9）住まい・まちづくりの学習権と住民参画

　　住民は、自分の住まいやまちはもちろん、住宅政策・都市政策を実現するための能力を持つための学習と、住まいづくり・まちづくりに対して主体的に参画し、行政は計画にあたっては主権者としての住民参画を前提とする。

結
——日本の新たな居住政策・居住支援のために

　人間が人間らしく生きるために、「住まい」を優先的に確保すること——ハウジング・ファーストの展開は、ハウジング・ファーストを提唱し実践してきたセンブリスが第1の原理に挙げているように、「住宅は人権」だからである。

　2016年10月にハビタットⅢ（人間居住会議）が、エクアドルの首都キトで開催された。ここで新たに出された「ニュー・アーバン・アジェンダ——すべての人々のための持続可能な都市と人間居住に関するキト宣言」には、共有するビジョンとして次のことが掲げられている。

「都市と人間の居住地を平などに利用し楽しむこと、包括的な取り組みの促

進を追求し、あらゆる種類の差別をすることなく、現在および将来の世代のすべての住民が住むことができるようにすること、すべての人々の繁栄と生活の質を高めるために、公正で、安全で、健康で、利用しやすく手頃な価格で、弾力的で持続可能な都市と人間の居住地に住み、それをつくり出すことができます。私たちは、このビジョンを"都市への権利"と称し、法律、政治宣言および憲章に盛り込んでいるいくつかの国や地方自治体の努力に注目しています。」(キト宣言パラグラフ11・筆者訳)

　この内容を含むハビタットⅢに対する日本政府の対応には愕然とする。国土政策局総務課企画室による「第三回国連人間居住会議(ハビタットⅢ)の結果について」(2016年10月28日)の結論では、「最終的には、国土・地域・都市計画、防災・強靭化、質の高いインフラ、気候変動問題への対応、2030アジェンダの実施など、日本が重視する諸点がほぼすべて反映された」として、現政権の開発投資に対し、あたかもハビタットⅢの会議でお墨付きを得たように述べ、宣言のテーマでもある、都市に居住するあらゆる人々の人権の確保、不平等や貧困の解消などに基づく都市居住の実現という文脈がまったくもって欠落している。

　戦後一貫して住宅「供給」に偏ってきた日本の住宅政策は、2006年に住生活基本法が成立し、住生活の向上を目指すはずであったが、未だに「供給」主義から抜け出ず、人々の人権としての住まいの権利から完全に目を背けている。

　しかし、今日、日本が直面している貧困居住の拡大にあって、住まいの権利を基盤に、もっとも困難な人々の居住状態の改善から進めなければ、防災・強靭化の国土づくりも、質の高いインフラ整備も実現しないだろう。また、超高齢社会、人口縮小時代にあっては、既存住宅の改善と地域再生を中心に据え、人々の共同性を回復し、コミュニティの中で生きるための居住支援が、居住政策の柱の1つになるだろう。そうした社会の空間ビジョ

ンにおいても、住まいの権利とハウジング・ファーストを基調とする、住宅政策の地域居住施策への転換が必要なのである。

　私は40年間住居学の授業を担当してきた。それを貫く理念は、Housing Right（誰もが人間らしく住む権利）、Decent Housing（人間らしい住まいの質の確保）、そして Housing First（人間らしく生きるために住宅は不可欠であり、優先的に確保すべきである）である。これまで少なくとも５千人以上の学生（大半は女性）に語ってきた。私からのメッセージが彼女らの心に浸透し、日本の住まいの改善につながるならば、これほどうれしいことはない。

注１）Nicholas Pleace, *Housing First Guide Europe*, FEANTSA, 2016.
注２）Nicholas Pleace, 前掲書.
注３）中島明子編著『デンマークのヒュッゲな生活空間 ―住まい・高齢者住宅・デザイン・都市計画―』萌文社、2014年.
注４）デンマークの「ホームレス」の人々については路上や一時施設等９つのカテゴリーに分類している。Volker Busch-Geertsema, *PEER REVIEW on Homelessness Policies in Odense Discussion Paper* (DENMARK), HABITAT, 2015, 9-10, April 2015.
注５）クラウドファンディングプラットフォーム Motion Gallery「路上からアパートへ！ 東京・池袋でハウジング・ファーストを実現したい！」https://motion-gallery.net/projects/housingfirst.
注６）中島明子「「ホームレス」支援における居住支援 ―"ハウジング・ファースト"アプローチ」『都市問題研究』57巻、11号、2005-11、「ホームレスの人々への居住支援と自治体居住政策 ―ハウジング・ファースト施策と課題―」『都市住宅学』53号、2006年、ハウジング・ファースト研究会（中島明子、阪東美智子、大崎 元、丸山 豊、安江鈴子）『東京都ホームレス地域移行支援事業2004-2009　自立支援と結合したハウジング・ファースト・アプローチに着目した分析』単行報告書、2013年.

210

おわりに

和洋女子大学大学 教授
中島 明子

　40年に及ぶ大学生活を終えるにあたり、本来ならばこれまでの研究歴を
まとめるか、これまでの研究の総括か、あるいは記念論文といったものを
上梓すべきところを、力不足で20人のみなさまの力を借りて論文集という
形で区切りをつけることになりました。たいへん短い期間に貴重な論文を
ご寄稿いただきましたみなさまには心から深謝いたします。

　とても残念だったのは、私が東京に来てからさまざまな場面で影響を受
け、新建築家技術者集団でご一緒してきた本多昭一先生が闘病中のため、
建築技術者論のご寄稿が叶わなかったことです。代わりに病床から次の句
を送っていただきました。

友逝く夜　　雨で濡れたか　　大文字
癌あり　　　秋空高し　　　　腹据わる
点滴の　　　床で見舞いの　　柿かじる
抗がん剤　　切れ切れに　　　ドラマ観る
点滴の　　　床で孫たちに　　手紙書く

　本書のタイトルは、以前から取り上げたいと思っていたキャサリン・バウアーの伝記のタイトル『HOUSER』をお借りしました。新自由主義の下で貧困居住が広がり始める中、これに向き合い、誰もが人間らしい住まいに住むために研究され、活動されている方々は数多くおられますが、本書は私からお願いできる方々に書いていただいたものです。主に、日本住宅会議（現理事長：塩崎賢明）のメンバーが中心になっています。本書は、住宅というものの本質、今日の日本の住宅事情、住宅問題の実相とその解決方法を、それぞれ深く掘り下げている論考からなっており、住宅問題の入門書になっていると思います。ですから住宅問題に関心ある人々、とくに若い方に読んでいただきたいと思います。

　振り返れば、私のほとんどの研究業績は、幸運にも常に優れた研究者や実践家にめぐり合い、取り組んだ共同研究によるものでした。

　京都大学西山研究室で、広原盛明さんを代表とする高層集合住宅における日照問題に始まり、ハウスドクター制度 —住宅の維持・保全・管理に関する研究が大学院時代の共同研究です。ハウスドクター制度の研究は、30年以上を経た現在、その成果が東京都墨田区で行っている研究やNPO活動に大きな力になっています。

　また、伊藤セツ先生、宮崎礼子先生に誘われた家政学関係の一連の共同研究では、生活を理解する視点を学び、山本厚生さんを中心とする新建築家技術者集団のメンバーとともに「家族と住まい」の研究会を立ち上げ本

当に楽しくも時間を忘れて議論しました。私にとって家族像と住宅像を描く大きなきっかけとなったものです。子どもを育てているならば、それを生かした研究をしてはどうかと故三宅醇先生に勧められ、子どもの住環境をテーマに取り組み、日本住宅会議のメンバーによる共同研究によって誕生したのが『キッズプレース —居心地よい子どもの住環境』（萌文社、1990年）の刊行でした。この本は、マンション会社リブランで採用され、「子どものスペースをつくると売れる」という分譲マンション業界に大きな影響を与えたものです。

　偶然ではありましたが、最初に赴任したのが目白学園女子短期大学（現目白大学）で、その近くに、大正時代から昭和の戦前に存在した土地会社の「箱根土地」（国土計画の前身）が開発した目白文化村があり、5年以上をかけ、50人以上の研究者・大学院生・学生とともに調査研究をして『目白文化村』（日本経済評論社、1991年）を八木澤壮一先生、故野田正穂先生方とともにまとめ、「地域誌」のおもしろさを知りました。これは和洋女子大学に移ってからも国府台地域の近代史として田中由紀子さんの研究（『幻の大学校から軍都への記憶 —国府台の地域誌』萌文社、2017年）につながっています。

　こうした近代史にかかわる研究活動はおもしろく、学生時代に参加した東京都台東区鳥越地域の調査から亡くなられるまでお付き合いをした旧国立公衆衛生院の駒田栄先生の存在も忘れることはできません。先生が亡くなられた後の足跡を追って、日本女子大学住居学科時代の友人とともに「住居衛生研究のパイオニア駒田栄先生に関する研究」（財団法人住宅総合研究財団、2001年）をまとめ、米国ミルズカレッジ、カリフォルニア大学バークレー校などを訪問したことは研究活動のみならず、女友だちとの付き合いがこんなに楽しいものかと実感しました。

214

おわりに ‖

　しかし、ようやく自分自身の中心的研究課題である、住宅問題と自治体住宅政策（地域居住政策）にかかわるようになったのは、ひとつは鈴木浩さんらを中心とする一連の「イギリスと日本の地域居住政策」に関連した研究、もうひとつは「ホームレスの人びとへの居住支援」に関する研究でした。イギリスの住宅問題の研究ではロンドン、バーミンガム、グラスゴー、その他の都市の調査を行いましたが、私がロンドンを中心にハウジング・マネージメントに関する博士論文を提出することができたのも、この共同研究があったからでした。そのとき、イギリスの研究者からこれからの住宅政策を構想するのであれば北欧諸国、とりわけデンマークを対象にしたほうがよいとアドバイスがあり、小さな頃からアンデルセンの国として憧れたデンマークの居住政策にかかわるようになり、これも４人の力を借りて『デンマークのヒュッゲな生活空間 ─住まい・高齢者住宅・デザイン・都市計画』（萌文社、2014年）にまとめることができました。並行して日本建築学会の地方性小委員会で自治体住宅政策を学ぶ機会もあり、これらは私がかかわってきた自治体の住宅マスタープラン、住生活基本計画策定に大いに役立っております。

　「ホームレス」の人々に関する研究としては、1990年から山谷地域の「ふるさとの会」（現特定非営利法人自立支援センターふるさとの会）でのホームレス支援活動にかかわり、代表であった水田恵さんにはたいへん刺激を受けました。研究としては、阪東美智子さんや大崎元さんらとともに、居住支援に絡めた簡易宿泊所の調査を手始めに、ホームレス女性の調査ではトロント大学との共同研究を行い、東京都のホームレス地域移行支援事業に粘り強く取り組み、また東京都の自立支援センターの利用者の分析を行う貴重な機会もありました。しかし有力な中堅メンバーがいたにもかかわらず、私自身が現実の動きに的確に対応し、政策提言ができるような機敏性も力量もなかったのではないかと反省するばかりです。

併せて国際女性建築家会議日本支部（UIFA JAPON）に誘われ、ここでは国際交流や震災支援など多様な活動を精力的に行っていますが、私は当時の代表松川淳子さんに引っ張られて、女性建築家にかかわる一連の研究と展示活動などに携わりました。東京の女性建築家技術者の会にも早くから会員にはなっていましたが、新建築家技術者集団での議論や、日本建築学会男女共同参画推進委員会設立につながる研究とも連動し、日本においてもっと女性が建築分野で活躍する必要があると思い、取り組んできたものです。

　最後に、2011年の東日本大震災に対し、研究者として、日本家政学会東日本大震災生活研究プロジェクト（代表：大竹美登利さん）への参加があります。今年でほぼ5年に渡り、衣食住・経営・子どもなどの広領域に及ぶ家政学の特徴を生かして、最大の被災地といわれる石巻市に入りました。このプロジェクトはさらに今後も続きますが、私は大学を退職することもあり、墨田区のまちづくり・住まいづくりに本腰を入れることを決意して、この共同研究からは離れることになりました。

　私の恩師である西山夘三先生は常に現場から学ぶことを強調し、しかし「新聞記者のようにはなるな」、「住民運動に埋没してはいけない」、「住まいやまちの人々の“真の要求”を引き出すことが重要だ」と言われました。これらの言葉は私の頭から離れたことはありません。しかし、私は緻密な研究を行うより、体を動かす実践活動の方が好きですから、西山先生に叱られることを積み重ねてきたようでもあります。

　建築家になりたいと思っていた私が、研究者の道に踏み出した最初の契機となった広原さんに「刊行によせて」を書いていただくことをお願いしたものの、じつは何と言われるかはたいへん不安でした。おそるおそる届いた原稿を開くと、「中島はこれからきちんと研究すべき」と背中をグイと押されてしまいました。イギリス研究でお世話になったバーミンガム大学の

おわりに ‖

クリス・ワトソン先生が昨年、久しぶりに墨田区京島を訪問されたときに、密集市街地の研究であればイギリスでもできるだろうとも言われ、視野が広がりました。

　最後になりました。短期間に多数の執筆者に書いていただくというたいへん厳しい編集作業を引き受けて下さった蛭間基夫さん―和洋女子大第1号の博士号取得者には、心から感謝いたします。また今日の厳しい出版事情の下で、本書の出版をお引き受けいただいた萌文社の永島憲一郎さん、青木沙織さんにお礼を申し上げます。永島さんとのお付き合いは随分長くなり、無理をお願いすることもありましたが、いつも本づくりは楽しいものでした。
　本書を機に、もう少しだけ住宅問題研究に携わっていこうと思います。

　2017年3月
　　　　　　　　　　　　　　　　　　　　　　　　　　　　　中島明子

執筆者プロフィール

広原盛明　………………………………… 西山夘三研究室 元助手、京都府立大学 元学長

1938年生まれ。1961年京大建築学科卒、1965年同大学院退学、助手・講師を経て、1971年京都府立大学住居学科助教授、1985年教授、1992年～98年学長、同名誉教授。2000年龍谷大学教授、2010年退職。
主著に『開発主義神戸の思想と経営―都市計画とテクノクラシー』（日本経済評論社、2001年）、『日本の都市法II―諸相と動態』（編著、東大出版会、2001年）、『都心・まちなか・郊外の共生～京阪神大都市圏の将来』（編著、晃洋書房、2010年）、『日本型コミュニティ政策―東京・横浜・武蔵野の経験』（晃洋書房、2011年）など。

鈴木　浩　…………… 福島大学名誉教授、和洋女子大学客員教授（住宅政策・地域計画）

1944年生まれ。東北大学大学院工学研究科（建築学専攻）博士課程修了。
研究テーマは、地域居住政策、地域計画（都市および農村計画）。東京電力福島第一原子力発電所事故以降、被災地の復興計画策定や国際共同研究、避難者支援活動などを進めている。
主著、『地域からの住まいづくり―住宅マスタープランを超えて』（共編著、ドメス出版、2005年）、『日本版コンパクトシティ―地域循環型都市の構築』（学陽書房、2006年）、『地域計画の射程』（編著、八朔社、2010年）、『地域再生―人口減少時代の地域まちづくり』（共編著、日本評論社、2013年）など。

平山洋介　……………… 神戸大学大学院人間発達環境学研究科教授（住宅・都市研究）

1958年生まれ。1988年神戸大学大学院自然科学研究科博士課程修了。学術博士。
主著、『住宅政策のどこが問題か』（光文社、2009年）、『都市の条件―住まい、人生、社会持続』（NTT出版、2011年）、『Housing and Social Transition in Japan』（共編著、Routledge、2007年）、『住まいを再生する―東北復興の政策・制度論』（共編著、岩波書店、2013年）ほか。近刊共著に『Housing in Post-growth Society』（Routledge）。

塩崎賢明　………………… 立命館大学政策科学部特別招聘教授（住宅政策・都市計画）

1947年生まれ。京都大学工学研究科博士課程修了。工学博士。神戸大学工学部建築学科教授を経て現職。神戸大学名誉教授。日本住宅会議理事長、災害復興学会監事、阪神・淡路まちづくり支援機構共同代表委員。
主著、『住宅復興とコミュニティ』（日本経済評論社、2009年）、『復興〈災害〉』（岩波新書、2014年）。

祐成保志　………………………………………… 東京大学文学部准教授（社会学）

1974年生まれ。東京大学文学部卒業。東京大学大学院人文社会系研究科博士課程修了。博士（社会学）。信州大学人文学部准教授などを経て、2012年より現職。研究分野は文化社会学、都市・地域社会学、社会調査史。
主著、『〈住宅〉の歴史社会学―日常生活をめぐる啓蒙・動員・産業化』（新曜社、2008年）。訳書、『ハウジングと福祉国家―居住空間の社会的構築』（新曜社、2014年）。

執筆者プロフィール

廣嶋清志 ·· 島根大学名誉教授（人口学）

1945年生まれ。東京大学工学研究科博士課程中退。修士（工学）。研究テーマは人口学全般、出生・死亡・移動・労働力・世帯の研究。家族人口学、歴史人口学、人口政策史。主著、『人口減少時代の地域政策』（編著、原書房、2011年）、『人口変動と家族』（共著、大明堂、1997年）、『徳川日本の家族と地域性―歴史人口学との対話』（共著、ミネルヴァ書房、2015年）。

小伊藤亜希子 ·························· 大阪市立大学生活科学研究科教授（住生活学）

1963年生まれ。京都大学工学部建築第二学科卒業、同前後期博士課程に進学後、1992年単位取得退学。博士（工学）。京都造形芸術大学、京都文教短期大学、日本福祉大学を経て1999年に大阪市立大学に赴任。
主著、『子どもを育む住まい方』（共著、大阪公立大学共同出版会、2006年）、『子どもが育つ生活空間をつくる』（共著、かもがわ出版、2009年）など。

丁　志映（ちょん　じょん） ········· 千葉大学大学院工学研究科建築・都市科学専攻助教（居住環境デザイン）

2003年日本女子大学大学院人間生活学研究科博士（学術）。日本学術振興会（JSPS）の外国人特別研究員などを経て、現職。
主著、『私たちの住まいと生活』（共著、彰国社、2013年）、『フィールドに出かけよう！―住まいと暮らしのフィールドワーク』（共著、風響社、2012年）、『現代集合住宅のリ・デザイン―事例で読む"ひと・時間・空間"の計画』（共著、彰国社、2010年）、『若者たちに「住まい」を！―格差社会の住宅問題』（共著、岩波書店、2008年）など。

鎌田一夫 ·· 住まいの研究所主宰

1944年生まれ。千葉大学建築学科卒業。日本住宅公団に勤務し、団地や共同住宅の設計、再開発、調査研究などに従事。2000年から東京ガスの都市生活研究所などに勤務する。現在は独立して住宅問題や団地・地域問題に取り組み、新建築家技術者集団の全国常任幹事、月刊「建築とまちづくり」編集委員長を務める。
主著、『人間住宅―環境装置の未来形』（共著、INAX出版、1998年）、『都市のリデザイン―これからのまちづくり心得』（共著、東洋書店、2003年）。

岸岡のり子 ·· 和洋女子大学研究生

1971年生まれ。日本女子大学家政学部住居学科卒業後、まちづくり研究所勤務。共同建て替えを中心事業として、密集市街地の住民の生活再建やまちづくりを進める。2011〜12年度、和洋女子大学大学院総合生活研究科にて修士論文「東京都特別区における低家賃住宅の実態と活用の可能性」をまとめる。現在、和洋女子大学に研究生として在籍しながら、民間建設コンサルタントにて自治体の住生活基本計画策定業務などに契約社員として従事。

HOUSERs

阪東美智子 ………… 国立保健医療科学院生活環境研究部上席主任研究官（住居衛生）

1966年生まれ。神戸大学大学院自然科学研究科博士課程修了。博士（工学）。研究テーマは高齢者・障がい者などの在宅・施設環境、住宅困窮層の居住問題。
主著、『児童相談所一時保護所の子どもと支援―子どもへのケアから行政評価まで』（共著、明石書店、2016年）、『これからの住まいとまち―住む力をいかす地域生活空間の創造』（共編著、朝倉書店、2014年）など。

大崎　元 ……………………………………………………… (有)建築工房匠屋 共同主宰

1957年生まれ。名古屋工業大学建築学専攻修士課程修了。サポーティブハウジング、婦人保護施設の設計および改修計画とともに路上生活者調査、施設調査研究などを行う。
主著、『成長主義を超えて―大都市はいま』（共著、日本経済評論社、2005年）、『現代都市のリデザイン―これからのまちづくり心得』（共著、東洋書店、2008年）。訳書、『まちづくりの新しい理論』（共訳、鹿島出版会、1989年）、『パタンランゲージによる住宅の建設』（共訳、鹿島出版会、1991年）など。

三浦史郎 ……………………………………………………… (株)象地域設計 相談役

1945年生まれ。日本大学建築学科卒。(株)小西設計を経て、(株)象地域設計に参加。地域密着型コーポラティブハウス、住民参加型の共同建替えでコーディネーターを務めた。住民派のまちづくり、生活派の建築創造を主唱する新建築家技術者集団の常任幹事。
主著、『生活派建築家集団泥まみれ奮戦記―地域の住民に役立つ設計者をめざして』（共著、東洋書店、1993年）、『社会派建築宣言―誰もが人間らしく生きる生活空間の創造』（共著、東洋書店、2014年）など。

水田　恵 …………………………………… すまい・まちづくり支援機構代表理事

1947年生まれ。山谷での日雇労働などの経験を経て、1990年にボランティアサークルふるさとの会を発足。1999年NPO法人自立支援センターふるさとの会を設立。2008年3月まで代表理事を務める。現在はふるさとの会顧問。2009年3月に政策提言・企画起業支援を担うNPO法人すまい・まちづくり支援機構を設立し、代表理事に。また、同年7月には更生保護法人同歩会が法務大臣より認可を受け、代表理事に着任。

坂庭国晴 ………………………… 国民の住まいを守る全国連絡会（住まい連）代表幹事

1944年生まれ。中央大学理工学部卒。日本住宅公団（現・UR都市再生機構）入社、団地施設・建築設備設計、監督主任、検査官など歴任。新都市センター開発・参与を経て退職。NPO住まいの改善センター理事長、建設政策研究所副理事長、住まい連代表幹事、日本住宅会議理事。小規模家主の会代表運営委員。2009年に稲葉剛氏らと住まいの貧困に取り組むネットワークを結成し、世話人。

執筆者プロフィール

山本厚生 ……………………………… NPO法人設計協同フォーラム代表、一級建築士

1938年生まれ。東京芸術大学建築科卒。増沢洵事務所、中央設計を経て、1988年に生活建築研究所設立。大半を住宅設計に専念し、400近い家族の住まいづくりにかかわる。東京建築カレッジ講師、新建築家技術者集団幹事会議長。
主著、『「家族と住まい」新・住宅設計論』（ドメス出版、1985年）、『「住まいづくり」考―家族像の不確かな時代に』（萌文社、2002年）、『家族をひらく住まいづくり―自分らしく生きる』（萌文社、2014年）など。

松川淳子 …（株）生活構造研究所取締役特別顧問、中央区立女性センター館長、一級建築士

東京大学工学部建築学科・同大学院卒。建築計画、地域計画専攻。東京大学助手、余暇開発センター客員研究員などを経て、1991年より生活構造研究所代表。2009年より現職。コミュニティのあり方の視点から地域の生活調査、構想・計画づくりに携わる。
主著に、『世界の博物館はいま―21世紀の科学館をめざして』（共著、新紀元社、1984年）、『提言！仮設市街地―大地震に備えて』（共著、学芸出版社　2008年）、『明日の岩泉へ―東日本大震災　岩泉町復興の記録』（編著、岩手県岩泉町、2013年・2014年・2015年）。

鈴木和幸 ……………………………… NPO法人すみだ さわやかネット 事務局長

1972年生まれ。法政大学経営学部経営学科卒業。現在、東京土建墨田支部に書記として勤務。東京土建墨田支部が中心となって運営しているNPO法人すみださわやかネット（理事長：中島明子）の事務局長として2015年より活動中。

蛭間基夫 ……… 日本保健医療大学保健医療学部准教授、理学療法士（地域理学療法学）

1969年生まれ。北海道大学医療技術短期大学部理学療法学科卒業後、理学療法士として勤務。2015年日本保健医療大学に着任、現在に至る。2012年和洋女子大学大学院総合生活研究科総合生活専攻博士後期課程修了。博士（学術）。住宅改善における理学療法士、作業療法士の専門性の確立に向けて、研究中。

安達智則 ………………………… 東京自治問題研究所主任研究員、都留文科大学非常勤講師

1953年生まれ。山口大学卒業。1982年に東京自治問題研究所設立により、事務局として勤務。1995年から医療法人健和会と兼務。1999年から健和会医療福祉調査室室長。2016年3月からは主として東京自治問題研究所で地方自治の研究・調査・講師活動を行う。
主著、『市民による行政改革―自治体調査と予算分析の手引き』（勁草書房、1998年）、『介護の質「2050年問題」への挑戦―高齢化率40％時代を豊かに生きるために』（共編著、クリエイツかもがわ、2012年）

（掲載順）

HOUSERs

222

中島明子
Akiko NAKAJIMA
和洋女子大学生活科学系教授、NPOすみださわやかネット理事長

1946年長野県生まれ。専門は居住学。研究テーマは地域居住政策、貧困居住と居住支援、地域誌、建築分野とジェンダー。博士（工学）。主著、『目白文化村』（編著、日本経済評論社、1991年）、『イギリスの住居管理—オクタヴィア・ヒルからサッチャーへ』（東信堂、2003年）、『デンマークのヒュッゲな生活空間—住まい・高齢者住宅・デザイン・都市計画』（編著、萌文社、2014年）。

HOUSERs ハウザーズ
—— 住宅問題と向き合う人々 ——

2017年3月31日
初版 第1刷 発行

編著者　中島明子
発行者　谷 安正
発行所　萌文社
〒102-0071東京都千代田区富士見1-2-32
ルーテルセンタービル202
TEL　03-3221-9008　　FAX　03-3221-1038
Email　info@hobunsya.com
URL　http://www.hobunsya.com/
郵便振替　00910-9-90471

デザイン　青木沙織
印刷製本　モリモト印刷株式会社

本書の掲載内容は、小社の許可なく
複写・複製・転載することを固く禁じます。

©2017, Akiko NAKAJIMA. All rights reserved.
Printed in Japan. ISBN : 978-4-89491-330-1

好評発売中
http://www.hobunsya.com/

すまいのカルテット
——春夏秋冬

東由美子、栗山礼子、中島明子、近田玲子 [著]

●A4変型・並製・二三二頁/本体一七九六円+税

建築家、インテリアコーディネーター、住居学研究者、照明デザイナーという住居に関わる専門家が、女性ならではの視点でそれぞれに愉快に住むためのヒントと工夫を提案。季節を織り込んだやさしさあふれるエッセイ集。朝日新聞連載コラム「住まいの四季」をまとめた一冊。

《絵本》クロくんのおうち

中島明子 [作]、松田夏野 [絵]

●A5判・上製・二八頁/本体一〇〇〇円+税

さまざまなタイプの家族がユニークに暮らす共同住宅の楽しさをはじめ、それぞれのフロアによって描き出される外の世界との関係の変化が住居学を専門とする作者ならではの視点で投影されている。子どもと大人をつなぐ橋渡しのひとつになる絵本。(5、6歳以上)

人間らしい住まいとまちづくり
——A house is not a home

中島明子 [著]

●四六判・並製・二二四頁/本体一六〇〇円+税

住まいとまちづくりにとって大切な視点とは何か。「人間らしい住まい」「人間らしいまち」を実現するには。住居学を専門とする著者が親しみのある映画・アニメ・絵本などを通しての斬新な切り口から、「住まいとまち」のあり方について浮き彫りにする小論とエッセイ。

デンマークのヒュッゲな生活空間
——住まい・高齢者住宅・デザイン・都市計画

中島明子 [編著] 小川正光、小川裕子、丸谷博男、福田成美、海道清信

●A5判・並製・二八〇頁/本体二二〇〇円+税

小国ながら世界でもっとも住みよい国として注目されるデンマークについて、「ヒュッゲ」をキーワードにして掘り下げる。デンマークが辿った歴史や民主主義の醸成過程を多面的に整理することで、今、日本が抱える問題を浮き彫りにし、課題解決の方向性を明示する。